LE ROMAN DE RENART
EN 19 RÉCITS

87, quai Panhard-et-Levassor – 75647 Paris Cedex 13
ISBN : 978-2-0812-4419-1

MICHEL LAPORTE

LE ROMAN DE RENART EN 19 RÉCITS

Illustrations de Frédéric Sochard

Flammarion Jeunesse

Mine de rien, le *Roman de Renart* est une œuvre pleine de surprises.

Tout d'abord, en dépit de son nom, ce n'est pas un roman mais plutôt un énorme recueil de récits en vers – vingt-sept mille vers de huit syllabes qui riment deux à deux ! Pourquoi ce nom, alors ? Tout simplement parce que les aventures de Renart ne sont pas racontées en latin comme cela se faisait précédemment mais en langue ordinaire, en roman. Les extraits qui figurent dans les récits (avec la traduction en regard) permettront d'ailleurs au lecteur de se faire une idée de ce à quoi ressemblait l'ancêtre de notre français moderne.

En plus, ce roman qui n'en est pas un est divisé en... branches. Rien à voir, pour autant, avec un arbre. Branche est le nom qu'on donnait, dès le Moyen Âge, aux diverses parties d'un ouvrage complexe. Ce qui, soit dit en passant, est amusant parce que le terme vient d'un mot latin signifiant « patte ». Pour un livre dont les héros sont des bêtes, c'est vraiment parfait. De plus, l'image d'un arbre où les branches voisinent, ancrées à un même tronc mais séparées les unes des autres, et indépendantes, représente bien le roman de Renart. Les aventures du goupil se déroulent les unes à côté des autres, sans se suivre réellement même si elles apparaissent ici dans un ordre qui s'apparente à une chronologie. C'est un choix de présentation visant à simplifier leur lecture mais il y avait d'autres façons possibles de les proposer.

Ajoutons pour finir qu'à l'époque où a commencé la rédaction du *Roman de Renart*, le joli petit animal roux que nous appelons désormais un renard était un goupil (mot dérivé directement du latin *vulpes*). Le succès du personnage littéraire Renart a été tel que, dès le milieu du XIIIe siècle, il a supplanté « goupil » pour devenir le nom commun du rusé voleur de poules. Voilà qui en dit long sur la passion qu'ont pu susciter les aventures dont quelques-unes sont racontées ci-après...

Récit 1

Où il est question des origines de Renart et d'Isengrin.

Lecteur, on t'a raconté bien des histoires, des fables et des chansons, mais tu ignores sans doute la longue guerre pleine de disputes et de rebondissements imprévus que se sont livrée jadis Renart, le goupil, et Isengrin, le loup. Ces deux-là, il faut le dire, ne s'aimaient pas ; sans répit, ils se sont cherché noise.

Je vais te faire le récit de leurs querelles les plus marquantes et de quelques mauvais tours qu'ils se sont joués. Au passage, j'en profiterai pour relater certaines méchancetés de ce même Renart envers les autres animaux, ses ruses, ses trahisons, ses mensonges et ses félonies – car, il faut l'admettre, Renart n'a jamais été un personnage recommandable.

Mais plutôt, commençons par le début. Voici comment le goupil et le loup sont apparus. L'histoire remonte loin, au moment où Dieu chassa nos ancêtres Adam et Ève du paradis originel. Malgré sa colère, il prit pitié d'eux et remit une baguette à Adam en disant :

— Pour obtenir ce qui te conviendra le mieux, il te suffira d'en frapper la mer.

Ce qu'Adam s'empressa de faire. Aussitôt, une belle brebis sortit de l'eau salée.

— Voilà qui est parfait, dit l'homme, car nous aurons de la laine, des fromages et du lait !

Ève, toutefois, songea qu'elle aimerait en avoir encore une : deux brebis, pensa-t-elle, vaudraient mieux qu'une seule. Aussi prit-elle la baguette des mains d'Adam – nous savons, pour notre malheur, qu'il ne pouvait rien refuser à sa femme – et en toucha vivement les flots. Un loup apparut alors. Il s'élança sur la brebis qu'il emporta vers la forêt voisine.

Tandis qu'Ève poussait de grands cris, Adam, sans tarder, reprit la baguette et frappa l'eau : un chien s'élança à la poursuite du loup. Il le rejoignit, lui disputa la brebis qui était seulement blessée et, prenant le dessus, finit par la ramener. Le loup, la queue basse, partit cacher sa honte d'avoir manqué son coup.

Alors, Adam et Ève firent usage de la baguette à tour de rôle. Quantité d'animaux nouveaux naquirent ainsi de la mer. Chaque fois, Adam faisait apparaître une bête qui restait avec eux et qu'ils apprivoisaient. Ève, en revanche, faisait sortir des animaux qu'ils ne parvenaient pas à garder. Tous, comme le loup, prenaient dare-dare le chemin des bois.

Au nombre de ces derniers se trouva le goupil qui devint sauvage. Il avait le poil roux, comme Renart, était, comme lui, d'un naturel malfaisant, très habile, âpre au gain et doté d'une intelligence assez subtile pour tromper les autres bêtes.

Le goupil ressemblait trait pour trait à ce maître en fourberies qu'on appelle Renart – un nom qu'on donne volontiers à tous ceux dont la spécialité est de tromper et mentir. Renart excelle à tromper les gens, le goupil sait se jouer des bêtes. Ils ont les mêmes goûts, les mêmes habitudes, les mêmes façons de faire. On peut donc donner le nom de l'un à l'autre et réciproquement.

Renart a pour oncle sire Isengrin, un homme violent et coléreux, vivant de meurtres et de rapine.

Dans nos histoires, le nom du loup sera très souvent Isengrin. Les deux s'entendent à merveille quand il est question de faire passer un mauvais moment aux autres ou de s'emparer de leurs possessions. En plus de la félonie, ils ont en commun l'envie, qui leur fait convoiter les avoirs des voisins, et la pingrerie, qui rend peu charitable et peu compatissant.

Pour autant, il n'y a pas de parenté véritable entre le loup et le goupil même si, à l'occasion, le loup appelle Renart « beau neveu » et le goupil traite Isengrin d'« oncle » et de « compère ». Quand Renart demande d'une douce voix : « Bel oncle, que voulez-vous faire ? » c'est qu'il recherche son amitié. Et quand Isengrin parle gentiment à Renart, c'est qu'il compte en tirer quelque chose. Mais leur belle entente ne dure jamais bien longtemps !

Le lecteur le comprendra, Renart est le symbole de tous ceux qui mènent une vie de sac et de corde, pleine de mensonges, de rapines et de tromperies. Il ne peut pas s'empêcher de nuire aux autres en leur jouant des tours pendables. C'est plus fort que lui ! Il s'en prend même à ceux, pourtant rares, qui le défendent et sont ses amis.

Et maintenant, lecteur, que tu connais Isengrin le loup et Renart le goupil, ne va pas t'étonner de les voir parler dans le récit que je vais faire de leurs aventures. Assurément, Dieu peut, s'il le veut, donner la parole à toutes sortes de bêtes. Du reste, les exemples d'animaux qui parlent ne sont pas si rares et, à l'inverse, on s'étonne parfois d'entendre que certaines gens discourent au lieu qu'ils braient, bêlent ou grognent, comme on s'y attendrait.

Cela dit, écoute ce que je sais de la vie de Renart et d'Isengrin.

Récit 2

Où il est dit comment Renart s'empara des jambons d'Isengrin.

Voici, lecteur, une des premières occasions où Isengrin, le loup, eut à souffrir de la malice de Renart. Je vais te raconter l'affaire telle que je la sais.

Un jour, Renart arrive chez son oncle, le seigneur Isengrin. Il fait pitié à voir, couvert qu'il est de plaies et de furoncles.

— Beau neveu, s'exclame le loup en le voyant, qu'as-tu donc ?

— Je suis malade, répond Renart.

— Au moins, as-tu mangé aujourd'hui ?

— Non. Et, franchement, je n'en ai aucune envie.

— Dame Hersent, dit aussitôt Isengrin à sa noble épouse, allez donc lui mettre à la broche deux rognons et une rate.

Renart s'assied en se disant que son oncle a sûrement tué le cochon et préparé quantité de charcuterie. Et de fait, en levant la tête, il voit trois beaux jambons suspendus à la poutre maîtresse.

En les contemplant, il s'écrie avec un grand sourire :

— Il est bien fou celui qui vous a placés là.

Et, à l'adresse du loup, il ajoute :

— Cher oncle Isengrin, il existe tant de mauvais voisins qui, s'ils aperçoivent vos jambons, voudront en avoir leur part ! Dépêchez-vous de les dépendre et de prétendre qu'on vous les a dérobés !

— Je t'assure que même si quelqu'un les voit, il n'aura pas l'occasion d'y goûter, réplique Isengrin.

Renart se met à rire.

— Vous ne pourrez pas l'empêcher. Supposez que quelqu'un de vos proches vous prie...

— Il n'y a pas de prière qui tienne ! Je n'ai ni frère ni neveu ni nièce à qui j'en donnerais un seul morceau.

Cette phrase, c'est à l'intention du goupil qu'il la prononce, ainsi qu'à celle de son père, sa mère et sa femme.

Sans plus insister, Renart mange sa pauvre pitance et s'en va. Mais quelques jours plus tard, alors que la nuit est très noire et que tout dort chez Isengrin, il revient. Il grimpe sur le toit, y perce une ouverture à proximité du faîte. Par le trou, avec une grande habileté et beaucoup de force, il fait passer les trois jambons. Là-dessus, sans perdre un moment, il les rapporte en courant chez lui et les coupe en morceaux qu'il cache à l'intérieur de son lit, dans le matelas de paille.

Le lendemain, de bon matin, quand il s'éveille, Isengrin découvre à la fois un trou dans la toiture et la disparition de ses jambons.

— Aïe ! aïe ! aïe ! dame Hersent, s'écrie-t-il, nous nous sommes vilainement fait berner.

Comme devenue folle, la louve saute hors du lit, toute nue et échevelée.

— Mon Dieu, s'écrie-t-elle, qui nous a fait ça ? Une aussi vilaine action, c'est terrible !

Ils ne savent vraiment pas qui soupçonner ; ils ne peuvent rien faire d'autre que se mettre en colère entre eux deux.

De son côté, Renart a bien déjeuné. Histoire de s'amuser un peu, il décide de leur rendre visite. Il trouve Isengrin très abattu.

— Que vous arrive-t-il, cher oncle ? Que je vous trouve ainsi pensif et contrarié !

— Beau neveu, sache qu'il y a de quoi. Mes beaux jambons ont disparu tous les trois. Volés ! Tu comprends pourquoi mon cœur est si plein de colère.

— Parfait ! bel oncle, répond Renart sans s'émouvoir. Seulement, plutôt que de rester ainsi chez vous, il vous faut annoncer la nouvelle partout. Allez dire à tout le monde que vous avez perdu votre viande. Après cela, il ne se trouvera plus personne, ni parents ni amis, pour venir vous en demander.

— Mais, dit Isengrin, c'est la vérité. On m'a réellement dérobé mes jambons, et cela me met fort en peine !

— Allons ! reprend Renart, ce n'est pas à moi qu'il faut raconter votre histoire. Vous vous plaignez sans avoir le moindre mal, je le sais bien. Vous avez mis vos jambons à l'abri des importuns et des quémandeurs, en quoi vous avez très bien fait. Je vous approuve entièrement.

— Est-ce que vous vous moquez de moi, Renart ? Je vous conjure de me croire sur l'âme de votre père !

— Surtout ne changez pas un mot, continuez de la même façon. Votre manière de vous plaindre de ce faux vol est tout à fait crédible.

— Renart, intervient dame Hersent, pourquoi vous entêtez-vous à croire que nous faisons semblant ? Si nous n'avions pas perdu les jambons, sachez que nous en donnerions volontiers à qui en demanderait, même s'il s'agissait d'un moine !

— Belle dame, réplique Renart, j'admire beaucoup votre ruse et votre malice. Seulement je sais que le seul dommage que vous avez subi, c'est le trou que vous avez fait dans le toit. Il était cependant nécessaire pour faire croire que le voleur est passé par là.

— Par Dieu, Renart, c'est pourtant ce qu'il a fait !

— Bravo ! Voilà exactement ce qu'il faut prétendre !

— Renart, reprend Isengrin, je n'ai pas envie de rire ! Les jambons ont vraiment été volés. Et leur perte m'est très douloureuse !

Renart ne veut pas en entendre plus. Tout guilleret, il prend congé, en faisant toujours semblant de croire que les deux loups se plaignent par ruse.

Ce fut là un des premiers exploits de Renart, à l'époque où il était jeune et débutait dans sa carrière de trompeur et de fourbe. Depuis, il en a fait beaucoup d'autres. Si tu veux connaître les tours qu'il a joués à son malheureux oncle et à bien d'autres bêtes, lecteur, tu n'as qu'à lire la suite.

Récit 3

Où l'on voit comment Renart mangea les poissons des marchands.

Cette histoire s'est passée à la période où le doux temps d'été déclinait et où la saison d'hiver revenait.

Et Renart fu en sa maison.
Sa garison a despendue,
Ce fu mortel descovenue :
N'ot que donner ne que despendre,
Ne ses detes ne pouet rendre,

N'a que vendre ne qu'acheter,
Ne s'a de coi reconforter.
Par besoing s'est mis a la voie,
Tot coiement que l'en nel voie
S'en vet par mi une jonchiere
Entre le bois et la riviere.
A tant fet et tant a alé,
Qu'il vint en un chemin ferré.

Renart était dans sa maison.

Ses provisions sont achevées, c'est un terrible malheur. Il n'a plus rien à donner ni à dépenser, il ne peut pas rembourser ses dettes. Il n'a rien à vendre, pas de quoi acheter, n'a rien qui puisse le réconforter.

Poussé par le besoin, il se met en chemin. Silencieusement, pour que nul ne le voie, il s'en va, traverse une jonchaie entre le bois et la rivière.

Il a tant fait, a tant marché, qu'il atteint une route pierrée.

Accroupi dans le fossé, il tend le cou, regarde d'un côté puis de l'autre côté. La faim le tenaille et il ne voit rien. Enfin, un bruit de roues se fait entendre...

Ce sont des marchands qui reviennent des bords de la mer. Ils rapportent des harengs frais par pleins paniers ; grâce au vent qui a soufflé, la pêche a été abondante. Chemin faisant, ils ont aussi acheté des anguilles et des lamproies en belle quantité, ce qui fait que leur charrette est chargée à ras bord.

Ils ne sont plus qu'à une portée d'arc. Renart, qui a reconnu ce qu'ils charrient, imagine promptement un plan. En courant à l'abri de la haie, il prend de l'avance sur eux puis, à l'endroit qu'il juge propice, il s'allonge au milieu du chemin et fait le mort.

Il est couché sur l'herbe verte, ne bougeant ni poil ni patte, les dents dehors. Arrivent les marchands qui ne se doutent de rien. Renart retient son souffle aussi bien qu'il le peut...

L'un d'eux l'aperçoit et, voyant comme il reste immobile, dit à son compagnon :

— Si je ne me trompe pas, c'est un goupil ou un blaireau qui est là, allongé sur le chemin.

— C'est un goupil, répond l'autre. Descendons et prenons-le. Surtout, veillons à ce qu'il ne nous échappe pas.

Les voilà qui arrêtent le cheval, vont doucement jusqu'à Renart. Ils le poussent du pied, le pincent, le tirent : il ne bouge pas. Eux ont vite fait de le croire mort.

— Ce n'était pas la peine de prendre autant de précautions en s'approchant, dit l'un des marchands. Qui sait combien peut valoir sa peau ?

— Quatre livres, répond le second.

— Dis cinq, reprend le premier. Au bas mot ! Vois plutôt son poitrail, comme la fourrure est blanche et fournie ! C'est la bonne saison pour les peaux. Prenons-le.

— Posons-le derrière, sur la charrette, approuve le second.

Sitôt dit, sitôt fait. Ils saisissent Renart par la queue, le lancent au milieu des paniers de poissons et, à peine remontés sur leur banc, remettent la carriole en marche.

Les deux marchands se félicitent. C'est une belle trouvaille qu'ils ont faite là. D'avance, ils décousent la robe fourrée du goupil et la retournent pour la mettre à sécher.

Renart, de son côté, ne s'inquiète pas. Et même, il sourit car il sait que dire n'est pas faire et qu'il y a loin de l'un à l'autre. Il se soulève, se hisse jusqu'à un panier, en écarte doucement le couvercle. Partant à la pêche avec son museau, il ramène l'un après l'autre une trentaine de harengs qu'il choisit parmi les plus beaux. Il les mange de bon appétit, sans penser à réclamer du pain et du sel pour les accompagner.

Une fois qu'il a apaisé la grosse faim qui le travaillait, il avise le panier voisin, en extrait des anguilles de belle taille, trois chapelets entiers qu'il met autour de son cou.

Rejetant les poissons sur son dos où ils forment une sorte de cape frétillante, Renart cherche un moyen pour descendre de voiture. Il n'y a pas de marchepied mais il en faut plus pour l'arrêter. Il attend qu'une ornière rapproche la charrette du sol et s'élance, les pattes en avant, pour se recevoir sur l'herbe verte, au milieu du chemin. Il a son butin autour du cou ; il n'a pas perdu une seule anguille en sautant.

Alors, il ne peut pas s'empêcher de se moquer des marchands :

— Dieu vous garde, mes beaux messieurs ! leur crie-t-il tandis que la charrette s'éloigne. J'ai fait un juste partage des poissons. J'ai mangé les plus beaux harengs et emporté les anguilles les plus grosses mais je vous en ai laissé le plus grand nombre. Vous l'admettrez, nous sommes quittes ! Alors, portez-vous bien !

En l'entendant, les marchands tournent la tête.

— Regarde !

— C'est le goupil !

Aussitôt tous deux sautent à terre pour essayer de le rattraper.

— Dieu nous aide ! dit l'un, nous avons réellement manqué de vigilance ! C'était folie de nous fier à lui !

Ils voudraient le rejoindre mais lui ne les laissera pas faire. Pour sûr, il ne les attendra pas.

— Hélas, renchérit l'autre tout en courant aux trousses du goupil, nous allons subir une sévère perte et ce sera de notre faute. Faut-il être sots pour sous-estimer Renart comme nous l'avons fait ! Pourtant, nous savons d'expérience que c'est une mauvaise engeance ! Au moins, que ce qu'il nous a mangé lui donnerait une bonne colique !

— Dites tout ce que vous voulez, réplique Renart de loin. Je m'en moque, car je suis Renart !

Sur quoi il a tôt fait de disparaître à leurs yeux. Et les deux marchands de rester au milieu du chemin, à se lamenter et à se tordre les mains.

Pendant qu'ils s'en retournent comme deux malheureux idiots, Renart regagne tranquillement Maupertuis, son château. En le voyant arriver, Hermeline, sa femme, qui est si courtoise et si noble, sort à sa rencontre. Percehaie et Malebranche, ses deux fils, l'imitent et l'accueillent alors qu'il arrive par petits bonds, gros et repus, satisfait et joyeux, portant les anguilles autour de son cou.

Une fois dedans, sans souci de ce qu'on pensera de lui, il tire la porte et la verrouille avec soin à cause du butin qu'il rapporte.

Récit 4

Où l'on apprend de quelle manière Isengrin fut tonsuré par Renart.

À présent, Renart est dans son donjon avec ses enfants et son épouse, la noble Hermeline. Ils l'aident à ôter son armure, lui frottent les jambes qu'il a fatiguées à force de courir. Puis, quand ils ont bien pris soin de lui, ils écorchent les anguilles, les découpent en morceaux, les enfilent sur de minces brochettes en bois de noisetier.

À peine les ont-ils posées sur la braise qu'Isengrin arrive dans les parages du château. Il a couru toute la journée de-ci de-là sans rien trouver à se mettre sous la dent. En s'engageant sur le chemin qui mène à la demeure de Renart, il voit que la cuisine fume.

Les fils Renart y tournent et retournent le poisson qui grille sur les charbons ardents. Le loup en sent le fumet. Le voici qui renifle à pleines narines en se pourléchant les babines : quelle odeur tentante pour qui a le ventre vide ! Il irait volontiers se servir si on le laissait faire !

Par une fente de la porte, il regarde ce qu'il se passe à l'intérieur. Même s'il ignore ce que c'est, il goûterait volontiers, lui aussi, à ce que les deux jeunes goupils s'affairent à préparer. Seulement, il le sait, Renart n'est pas du genre à partager si on le lui demande. Comment s'y prendre ? Comment le convaincre de le laisser accéder au festin ?

Messire Isengrin s'assied sur une souche, se relève, bâille de faim à s'en décrocher la mâchoire, revient à la porte pour regarder encore, essaie de fermer les yeux et de ne plus penser à la nourriture qui grille. Mais même avec les yeux fermés, il croit toujours la voir.

Finalement, il se décide :

— Eh ! compère ! appelle-t-il. Beau neveu Renart ! Je suis porteur de bonnes nouvelles ! Ouvrez-moi ! J'ai grand hâte de vous les annoncer.

Tout de suite, Renart a reconnu la voix du loup mais il ne répond pas. Il se contente de rire sous cape.

— Ouvrez, beau sire ! insiste Isengrin.

Dedans, Renart continue de faire la sourde oreille.

— Ne voulez-vous pas savoir ce que j'ai à vous annoncer ?

À la fin, Renart se décide à répondre :

— Qui êtes-vous, là-haut ?

— C'est moi.

— Qui moi ?

— Votre compère. Isengrin.

— Ah ! Je vous prenais pour un voleur !

— Je n'en suis pas un ! dit Isengrin. Ouvrez.

— Attendez au moins que les moines qui sont encore à table aient fini de manger.

— Il y a des moines chez vous ?

— Plus exactement des chanoines. Ils sont de l'abbaye de Tiron. Et plaise à Dieu que je ne mente pas, je suis entré en religion moi aussi.

— *Domini Dame*[1] *!* réplique le loup, me dites-vous la vérité ?

— Oui, par la sainte Charité !

— Alors, accordez-moi l'hospitalité !

1. Déformation burlesque de la formule d'Église *In nomine Domini*, « au nom du Seigneur ».

— Sachez-le, vous n'aurez rien à manger.

— Dites-le-moi franchement, vous n'avez rien à me donner ?

Renart répond :

— En réalité, si. Mais, plutôt, répondez à cette question : venez-vous ici pour mendier ?

— Que non ! Je suis juste passé prendre de vos nouvelles. Ouvrez-moi.

— Hélas, cela ne va pas être possible.

— Pourquoi cela ?

— Parce que le moment est mal choisi.

— Dites-moi plutôt, insiste le loup, n'êtes-vous pas en train de manger de la viande là-dedans ?

— De la viande ! Vous plaisantez !

— Que mangent donc vos moines ?

— Je vous le dirai sans me défausser. Ils ne mangent pas du fromage mou mais des poissons avec un gros cou. Dans sa règle, saint Benoît recommande de ne jamais rien consommer de plus mauvais.

— Je n'en avais pas la moindre idée, s'étonne Isengrin. Vraiment, je l'ignorais. Cela dit, accordez-moi l'hospitalité. Je ne peux pas aller plus loin ce soir, il se fait tard.

— Ce n'est même pas la peine d'en parler, réplique Renart. Personne ne peut loger ici s'il n'est pas moine ou ermite. Aussi, je vous en prie, allez-vous-en. Il n'y a pas moyen de faire autrement.

En l'entendant, Isengrin comprend que l'autre ne le laissera pas entrer, quoi qu'il puisse dire. Mieux vaut pour lui se résigner et se passer de dîner. Pourtant la faim le pousse à demander encore :

— Allons, donnez-m'en juste un petit bout, histoire d'y goûter.

— Quel bonheur d'avoir pêché et écorché ces anguilles si vous me faites l'honneur d'en manger, répond Renart, qui a une idée derrière la tête.

Et, sans attendre, il va prendre deux tronçons d'anguille qui ont grillé sur les braises. Le poisson est si parfaitement cuit que sa chair se détache toute seule de l'arête. Il mange un des morceaux et offre l'autre à celui qui se tient derrière la porte.

— Compère, voici, dit-il. Prenez un peu de cette nourriture. De la part de ceux qui ont bon espoir de vous voir, un jour, devenir moine à votre tour.

Isengrin lui répond :

— J'y penserai. Et qui sait, ça pourra se faire un jour. Mais en attendant, donnez, donnez ! Pour l'amour de Dieu !

Renart tend le tronçon d'anguille à Isengrin qui n'en fait qu'une bouchée. En réalité, il en mangerait facilement beaucoup plus.

— Eh bien ! qu'en pensez-vous ? demande Renart.

Les lèvres humides de salive et frémissant de gourmandise, le loup répond :

— Vous serez récompensé au centuple pour cette bonne action. Seulement, donnez-m'en un autre morceau, pour m'inciter encore un peu plus à rejoindre votre congrégation.

— Par vos bottes ! réplique Renart qui n'est jamais à court de malices, si vous vouliez vous faire moine je vous choisirais comme directeur de conscience car, j'en suis sûr, les seigneurs vous éliraient prieur ou abbé dès avant la Pentecôte.

— Vous essayez de vous moquer de moi, non ?

— Certes pas ! Je vous l'assure sur les reliques de saint Félix, si vous passiez une robe à cuculle par-dessus votre pelisse grise, il n'y aurait pas plus beau moine que vous au sein de l'Église.

— Aurais-je assez de poisson à manger pour pouvoir me remettre de cette maladie qui m'a tant affaibli ?

— Autant que vous pourrez en manger.

— Alors faites-moi vite une tonsure.

— Dites plutôt : « rasez-moi et tondez-moi », répond Renart. Car il faut aussi vous raser la barbe.

Quand il entend parler de se faire raser, Isengrin se met à grogner. Mais comment faire s'il n'y a pas d'autre moyen ?

— C'est bon, finit-il par dire, rasez-moi. Vite !

— Ce sera fait promptement, répond Renart, aussitôt que l'eau sera assez chaude. Je vous le promets, votre tonsure sera des plus belles !

Et maintenant, lecteur, apprête-toi à lire un des plus vilains tours que Renart joua à son compère Isengrin.

Le goupil met de l'eau sur le feu et la porte à ébullition. Puis il revient au loup avec la marmite fumante.

— Passez la tête par ce trou de la porte, lui dit-il.

Sans méfiance, Isengrin obéit. Mal lui en prend car l'autre lui verse toute l'eau d'un coup sur le crâne.

Isengrin crie, secoue la tête, montre les dents. Tant bien que mal, à reculons, il ôte la tête du trou puis s'écrie :

— Aïe ! Renart, je suis mort ! Que la pareille t'arrive aujourd'hui même ! Puisses-tu crever ! Tu m'as tonsuré trop large !

Il ne voit pas que Renart, de l'autre côté de la porte, se moque de lui et lui tire la langue.

Quand il a fini de rire, Renart lui dit :

— Rassurez-vous, la tonsure n'est pas trop grande. En fait, elle est juste comme il le faut. Tout le couvent a la pareille.

— Je suis sûr que vous me mentez !

— Certainement pas, vous pouvez me croire, réplique Renart très sûr de soi. Et à présent, vous devez vous soumettre à une épreuve, ainsi que notre règle le demande.

— C'est entendu, répond Isengrin dont la colère a passé, je ferai exactement comme la sainte règle l'exige, n'ayez aucun souci.

Renart a manœuvré si habilement que l'autre ne lui veut pas de mal. Malgré le mauvais tour qu'il lui a joué, le loup se trouve disposé à lui obéir en tout.

Renart sort de son château et va droit retrouver Isengrin qui se plaint encore qu'on l'a, décidément, rasé de trop près :

— Voyez plutôt, dit le loup, il ne me reste plus un poil sur la tête et, par endroits, le cuir lui-même est entamé.

Renart n'est pas là pour compatir aux malheurs du loup. Sans dire un mot, il lui fait signe de le suivre et le mène au bord d'un étang.

Récit 5

Où l'on voit comment Isengrin comptait pêcher des anguilles.

On est un peu avant Noël, à l'époque où on met les jambons au saloir.

Le ciel est pur et plein d'étoiles, et l'étang dans lequel Renart amène Isengrin pêcher est complètement gelé, au point qu'on pourrait danser dessus. Il y a juste un trou dans la glace, que les paysans ont fait pour y mener leurs bêtes boire. Ils ont laissé un seau à proximité.

Quand Renart l'aperçoit, il se réjouit. Il appelle le loup :

— Compère, venez par ici. Il y a du poisson en quantité là-dessous. Et voici l'outil pour les pêcher, les anguilles, les barbeaux et tous les autres beaux poissons délicieux.

Isengrin lui répond :

— Sire Renart, attachez-moi ce seau à la queue. Et prenez soin de bien serrer le nœud.

Renart ne se le fait pas dire deux fois ; il le lui noue à la queue du mieux qu'il peut.

— À présent, dit-il, il faut vous tenir tranquille sans faire bouger le seau pour que les poissons puissent y venir.

De son côté, il va se tapir sous un buisson, le museau posé sur les pattes pour surveiller ce que fait l'autre.

Immobile, Isengrin est assis sur la glace. Dans l'eau, le seau, pour commencer, se remplit de glaçons. Puis l'eau gèle autour de la queue au point que celle-ci finit par se trouver complètement prise dans la glace.

Au bout d'un bon moment, le loup tente de soulever le seau pour le tirer hors de l'eau. En vain. Il n'y parvient pas. Et il a beau essayer autant de fois qu'il peut, le seau ne bouge pas.

Ne sachant plus comment s'y prendre, il appelle Renart à l'aide. En fait, il ne veut pas rester là plus longtemps car déjà le jour se lève. S'il s'attarde, il risque d'être découvert.

En l'entendant, Renart ouvre les yeux, lève la tête.

— Seigneur, dit-il, arrêtez donc là votre pêche. Vous avez pris assez de poissons.

— En réalité, il y en a trop, réplique Isengrin. J'en ai attrapé plus que je puis dire.

Au lieu de répondre, Renart se met à rire. Puis, quand il a repris son sérieux :

— Celui qui veut tout avoir perd tout ! dit-il sans mâcher ses mots.

La nuit est finie. Le soleil du matin paraît au-dessus des chemins que blanchit la neige. C'est alors que se lève monseigneur Constant des Granges, un petit seigneur très à son aise qui habite à proximité de l'étang. Avec lui s'anime sa maisonnée, joyeuse et pleine d'enthousiasme. Il souffle dans un cor pour appeler ses chiens, demande qu'on selle son cheval et pousse de grands cris pour rameuter le reste de la maisonnée.

En entendant ce remue-ménage, Renart ne perd pas de temps. Il prend la fuite et court d'une traite se mettre à l'abri dans sa tanière. Isengrin voudrait l'imiter mais ne peut pas ; le voici dans une situation embarrassante. Autant qu'il tire sur sa queue, il ne parvient pas à faire bouger le seau. Et pourtant il s'acharne, au point qu'il risque de se déchirer la peau. Seulement, en dépit de tous ses efforts, rien ne bouge. Pour qu'il puisse partir de là, il faudrait qu'il s'arrache la queue !

Alors qu'il se débat comme un malheureux, survient un valet qui tient deux lévriers en laisse. En voyant Isengrin sur la glace, il se demande d'abord à qui ou à quoi il a affaire. Il ne l'a pas reconnu d'emblée, avec sa nuque entièrement pelée. Mais après l'avoir observé un petit moment, d'un coup, il s'exclame :

— Un loup !

Et aussitôt de s'égosiller :

— Ha ! Ha ! Au loup ! Aïe ! Aïe !

Les autres serviteurs l'entendent. Ils accourent de partout avec les chiens, sautant les haies, traversant les champs. Arrive aussi – et là Isengrin s'inquiète très sérieusement – messire Constant, au grand galop sur son cheval.

Tandis qu'il approche on l'entend qui crie :

— Allons ! Vite ! Lâchez les chiens !

Bientôt, Isengrin a toute la meute autour de lui, qui l'assiège. Les valets encouragent leurs bêtes en poussant de hauts cris. De son côté, le loup se défend vaillamment et mord à belles dents dans ce qui passe à sa portée. Mais que peut-il faire de plus, incapable qu'il est de se déplacer ?

Messire Constant met pied à terre dès qu'il arrive au bord de l'étang. Il tire son épée et s'engage à petits pas prudents sur la surface gelée. Il rejoint le loup par-derrière, bien décidé à le frapper d'un grand coup. Mais, dans son élan, il le rate, et tombe à la renverse en se cognant durement la tête contre la glace au point que le crâne lui saigne. Tout étourdi mais plein de colère, il se redresse, l'épée brandie, pour frapper une nouvelle fois. Ce nouveau coup est à peine mieux ajusté : au lieu de toucher la tête qu'il visait, c'est la queue d'Isengrin qu'il atteint. Il la lui tranche juste au ras du derrière, aussi net que s'il l'avait fait exprès.

Aussitôt, Isengrin s'en rend compte et bondit en avant. À grands coups de dents, il se taille une route à travers les chiens qui s'agrippent à ses pattes et lui mordent plus d'une fois la croupe. Ils le serrent de près tandis qu'il s'enfuit, tout saignant. Mais ce qui le fait souffrir surtout, c'est de laisser ainsi sa queue en gage. Cette perte le désole et, pour un peu, il en crèverait de dépit.

Bientôt, pourtant, il atteint un petit tertre où il est mieux à son aise pour se défendre. Les chiens finissent par se lasser de prendre des coups et, épuisés, quittent la bataille.

Alors Isengrin, sans demander son reste, taille la route vers son logis. Il file droit devant lui à grande allure en maudissant Renart. Une fois arrivé dans les bois, quand il peut enfin s'arrêter sans risque, il jure sur tout ce qu'il a qu'il se vengera ! Plus jamais Renart et lui ne seront amis !

Récit 6

Où il est raconté comment Renart et Isengrin allèrent au fond d'un puits.

Pour avoir lu ce qui précède, tu sais désormais, lecteur, que Renart est un maître en prudence et en habileté même s'il n'est pas un modèle à suivre. Pourtant, même les plus malins, une fois ou l'autre, il arrive qu'ils se fassent surprendre. Vois plutôt ce qu'il advint au goupil, en quelle fâcheuse situation il se mit et comment il sut s'en tirer... au détriment d'un autre.

Poussé par la faim, Renart s'en est allé chercher sa pitance loin de son logis. Mais il a beau marcher et marcher, parcourir landes et pâtures, traverser bois et forêts, il ne trouve rien à se mettre sous la dent.

Las de trotter, il s'assied un moment à l'orée d'un bosquet et, tandis que son estomac et ses boyaux ne cessent pas de demander à ses pattes et à ses dents pourquoi elles ne font rien, il observe les environs.

À peu de distance il distingue une ferme bien construite de pierres brunes. C'est celle d'une abbaye de moines blancs très prospère où vivent quantité d'animaux qui feraient son bonheur. Il y a là en effet, à l'abri d'une palissade, des gélines et des chapons en grand nombre, et en âge d'être mangés.

Renart s'élance en direction de la ferme. Il a hâte de rencontrer la volaille et d'en découdre vaillamment avec elle. Seulement, de quelque côté qu'il aille, il ne trouve qu'un profond fossé rempli d'eau qui longe un rempart de bois. Il n'y a pas moyen de passer. Et il a beau courir et courir, il ne trouve pas de pont ni de chemin qui lui permettrait d'entrer.

Enfin, à force de chercher, il remarque que le guichet de la porte est entrouvert et, au-delà, aperçoit le poulailler. Aussitôt, il entre. En cela il prend un risque considérable car si les moines le découvrent, il passera un mauvais moment. Mais peu lui importe : il se lance à l'aventure !

Il trotte furtivement vers les poules, s'arrête pour les écouter. Il a grand crainte d'être surpris. Il est sûr de faire une folie et retourne même sur ses pas, décidé qu'il est à s'en aller car il a trop peur. Mais la nécessité fait courir même les vieilles. Le voilà qui revient à la charge. Il est si discret, fait tellement peu de bruit que les volatiles ne remarquent rien.

Sur une poutre sont perchées trois poules. Leur sort est déjà réglé : elles ne survivront pas. Renart grimpe sur un tas de foin pour les atteindre. En le voyant approcher, les poules se sauvent dans un coin ; elles se terrent, essaient de se cacher mais en vain. Il les saisit l'une après l'autre et les étrangle. Avec deux d'entre elles, il joue aussitôt des dents et de la mâchoire mais garde la troisième pour la faire cuire.

Quand il a mangé, il se sent mieux. Pour sortir du poulailler, il saute par-dessus une barrière, en emportant sa précieuse poule. Après quoi, il traverse la cour mais, alors qu'il est près de la porte, une forte soif le saisit. Il y a là un puits. Il y court et là, impossible d'atteindre l'eau : la surface est trop éloignée.

Il s'accoude à la margelle, déçu, grognon et pensif. Or, en se penchant, il distingue, en bas, son reflet. Et lui se figure aussitôt que c'est son épouse Hermeline qu'il aime d'amour courtois et qui est prisonnière au fond du puits. Comme le voici rempli de pensées tristes et douloureuses ! Il demande plusieurs fois :

— Que fais-tu là ?

Seul lui répond l'écho de sa voix.

Il s'aperçoit alors qu'il y a deux seaux ; les moines les utilisent pour tirer l'eau : l'un monte quand l'autre descend. Sans réfléchir, Renart met les pattes dans un seau et, avant qu'il ait eu le temps de dire « ouf ! », il se retrouve au fond.

Ce serait le moment de pêcher car il n'a que de l'eau autour de lui. Il a même beaucoup de mal à se garder au sec, et force est de dire qu'il se trouve en fâcheuse posture. Quelle bêtise il vient de faire ! Il enrage d'autant plus que c'est de sa faute. Vraiment, songe-t-il, son intelligence ne vaut même pas un bouton.

Un peu plus tôt, ce même jour, messire Isengrin est sorti en quête de quelque chose à se mettre sous la dent. Ses pas le mènent à son tour dans les parages de l'abbaye. Comme Renart, pensant qu'il y trouvera de quoi apaiser la faim qui le tenaille, il entre par le guichet. À peine est-il dedans qu'il trouve le puits sur son chemin. Distraitement il s'y accoude et, en se penchant, qu'y voit-il ?

D'abord Isengrin ne croit pas ce qu'il voit. Puis la colère et la jalousie le gagnent. Dans le puits, sous ses propres yeux, il y a Renart avec dame Hersent. En réalité, ce n'est pas sa femme, la noble louve, qu'il aperçoit mais son propre reflet dans l'eau, à côté du goupil. Seulement, il n'y prend pas garde.

— Comme me voici maltraité ! grogne-t-il entre les dents. Humilié et avili par ma propre femme ! Renart, ce maudit rouquin, l'a conduite dans ce puits pour lui conter fleurette. Il faut être un sacré brigand pour traiter ainsi sa commère. Mais attendez un peu que je l'attrape, si je le peux. Ma vengeance sera si terrible que personne n'y trouvera à redire !

Puis, à voix haute, il crie :

— Espèce de catin ! Je te surprends ici en compagnie de Renart !

Il ne sait pas qu'il s'adresse seulement à son propre reflet.

D'en bas, Renart l'entend mais le laisse crier un moment sans répondre. Finalement, d'une voix forte, il demande :

— Qui est-ce, mon Dieu, qui m'adresse la parole de là-haut ?

— Qui es-tu donc ? dit Isengrin.

— Mais votre voisin, celui que vous appeliez votre neveu naguère. On m'appelle feu Renart, qui connaissait tant de ruses et de subterfuges. À présent je suis mort, par la grâce de Dieu, et je fais ici pénitence.

— Ah ! Me voilà rassuré, s'exclame Isengrin. Mais dites-moi, depuis quand êtes-vous mort ?

— Cela ne fait pas longtemps. Mais il ne faut pas s'en étonner car, comme moi, ceux qui sont en vie mourront tous. Ils passeront de vie à trépas le jour où Dieu le voudra. Désormais mon âme est entre ses mains, il m'a délivré des misères du monde. Et je vous prie, cher compère, de me donner votre pardon pour le mal que je vous ai fait.

Dist Ysengrins : « Et je l'otroi.
Or vous soient tuit pardonné,
Compere, ci et devant Dé ;
Mes de vostre mort sui dolens. »
Dist Renars : « Et j'en sui joians.
— Joians en es ?
— Voire, par foi.
— Biau compere, di moi pourquoi.
— Que li miens corps gist en la biere
Chiez Hermeline en la tesniere,
Et m'ame est en paradis mise,
Devant les piez Jhesu assise. »

Isengrin répond :

— Je vous l'octroie. Que désormais tout vous soit pardonné, ici et devant Dieu ! Mais je suis chagrin de votre mort.

Renart dit :

— Et moi joyeux !

— Vous en êtes joyeux ?

— Vraiment, ma foi !

— Beau compère, dites-moi pourquoi !

— Parce que mon corps gît dans une bière chez Hermeline, dans la tanière, mais mon âme a été mise au Paradis, assise aux pieds de Jésus.

— Voilà pourquoi je me réjouis, reprend Renart après un silence. Ici il y a des prés, des champs, des bois, très grande abondance de volailles. On peut y voir quantité d'oies et de chèvres, et aussi des lièvres, des bœufs, des vaches, des moutons, des éperviers et des faucons !

— Ha ! par saint Sylvestre, comme j'aimerais y être aussi ! s'écrie le loup.

— Renoncez à cette idée car je ne peux pas vous y faire entrer. Le Paradis est un lieu céleste qui n'est pas ouvert à tous. Vous avez toujours été un fieffé pécheur, un traître, un félon, un tricheur. À l'instant même, vous m'avez injustement accusé d'avoir séduit votre épouse !

— Je n'y pense même plus. Je vous en prie, faites-moi entrer avec vous !

— Oubliez ça ! Même si je voulais vous aider, je ne le pourrais pas car il y a cette balance...

Tout en parlant, il lui montre le seau qui se trouve en haut du puits.

— Il s'agit des plateaux de la balance qui sert à peser le Bien et le Mal. Si quelqu'un s'y assied et que, chez lui, le bon l'emporte, il est amené ici en bas. Sinon, il reste dans ce monde où vous êtes.

Le croiras-tu, lecteur, le loup est assez bête pour le croire. Il demande à Renart :

— Comment dois-je m'y prendre pour le pesage ?

— D'abord il vous faut prier, en demandant pardon pour vos péchés. Après quoi, vous n'aurez plus qu'à vous asseoir dans le seau.

Sans prendre un instant le loup s'installe pour faire son acte de contrition, tournant ses fesses vers l'orient et la tête vers l'occident [1]. Puis quand il a bien braillé en suppliant qu'on le lave de ses péchés, le voici qui saute dans le seau.

Au fond du puits, dans l'autre seau, Renart n'attendait que ça. À mesure que le loup, qui est

1. Isengrin, dont la finesse n'est pas le fort, fait l'inverse de ce qui convient : on priait la tête tournée vers l'orient, en direction de Jérusalem.

plus lourd, descend, lui monte, et il s'en réjouit grandement. Parvenus à mi-hauteur, ils se croisent.

— Quoi, vous remontez ? s'étonne Isengrin.

— Pas la peine de vous alarmer, répond Renart, c'est la coutume ici. Quand un descend, l'autre remonte. Je m'en vais au Paradis et vous, vous filez en enfer au plus vite !

Déjà Renart a retrouvé l'air libre et la terre ferme. Il se sent revigoré et, sans plus traîner, vide les lieux, en abandonnant Isengrin à son sort.

Pendant ce temps, dans l'abbaye, le moine cuisinier s'aperçoit qu'il n'a plus d'eau. Il vient au puits avec un bourricot d'Espagne et trois novices commis à la cuisine. Ils attachent la corde au collier de l'âne qui se met à tirer, à tirer, mais sans parvenir à avancer d'un pas tant la charge qu'il tente de soulever est lourde. Les frères ont beau l'encourager du mieux qu'ils peuvent en faisant pleuvoir dru les coups, le baudet n'avance pas.

Alors l'un des religieux a l'idée de regarder dans le puits. Il se penche et pousse un grand cri quand il découvre Isengrin assis sur le seau.

— C'est un loup que nous tirons ! lance-t-il aux autres.

En un clin d'œil, il n'y a plus personne : moine et novices ont couru trouver refuge dans l'abbaye. Mais Isengrin n'en est pas quitte pour autant car ils rameutent ce que la bâtisse compte d'habitants.

Chacun s'équipe, décidé à faire passer un mauvais quart d'heure au loup. Le père abbé prend une massue grosse et couverte de nœuds, le chapelain un chandelier, les autres des bâtons, des piques, des pieux, ce qu'ils trouvent.

L'âne tire sur la corde à nouveau, et les moines l'aident en unissant leurs forces. Bientôt, le seau arrive à la surface. Isengrin n'attend pas qu'on lui dise ce qu'il doit faire : d'un saut prodigieux, il prend pied sur la terre ferme. Pourtant, il n'est pas au bout de ses soucis. Une volée de coups l'accueille, si rudes que plusieurs fois il perd le souffle et croit presque y rendre la vie. Comment faire pour s'en tirer alors qu'on le serre de si près ?

Allongé sur la pierre du puits, il fait le mort, ne bouge plus ni pied ni patte. Les coups cessent tandis que le prieur s'approche, un couteau à la main, dans l'intention de lui prendre sa peau.

L'abbé l'arrête :

— Laissez, dit-il, il n'en vaut pas la peine, il est pelé. Nous l'avons tant battu qu'il a perdu presque tous ses poils. Sa peau ne vaudrait rien. Laissons-le là, plutôt, car il n'ira pas plus loin.

Tandis que les moines font demi-tour en emportant pieux et bâtons, le prieur range son couteau mais il a failli écorcher le loup tout vif. Il s'en est fallu de peu.

Isengrin attend que les religieux se soient retirés pour se remettre sur ses pieds comme il le peut. Après quoi, clopin-clopant, il prend le chemin du retour mais il est tellement rompu qu'il pense qu'il n'arrivera jamais au bout. Fort heureusement, un de ses fils, l'aîné, qui s'inquiétait de ne pas le voir rentrer, vient à sa rencontre.

— Père ! s'écrie-t-il quand il le voit si mal en point, que vous est-il donc arrivé ?

— C'est à Renart, le maudit, que je dois l'état où tu me vois. Mais je le jure, si je me rétablis, je tirerai réparation de ce crime.

— Pour ça, père, répond son fils, je vous prêterai main-forte ! Si je lui mets la main dessus, c'est la mort qui l'attend et rien d'autre.

En attendant, avec l'aide de son aîné, Isengrin a regagné son château où il s'est mis directement au lit. Il a fait venir les médecins nécessaires – plus de dix ! – qui, finalement, l'ont remis sur pied. Comment se vengera-t-il de Renart, si toutefois il y parvient ?

Récit 7

OÙ L'ON APPREND COMMENT RENART TOMBA SUR PLUS MALIN QUE LUI.

À présent tu le sais, lecteur, Renart est passé maître en ruse et malices de toutes sortes ; il sait parfaitement tromper son monde. Pourtant, ce n'est pas à chaque fois qu'il réussit ses mauvais coups. Voici le récit d'un de ses échecs.

Par un beau matin, Renart s'en va nonchalamment vers une grosse ferme qu'il connaît, à la limite des bois.

Moult i ot gelines et cos,
Anes, malarz, jars et oes.
Et li sire Costant des Noes,
Uns vilain qui mout ert garniz,
Manoit mout pres du plaiseïz.
Plenteïve estoit sa meson
De gelines et de chapons :
Bien avoit garni son ostel,
Assez i ot et un et el,
Char salee, bacons et fliches,
De blé estoit li vilains riches ;
Molt par estoit bien herbergiez,
Et moult iert riches ses vergies
Assez i ot de bonnes cerises,
Et plusors fruiz de maintes guises,
Pomes i ot et autre fruit.

Il y a là quantité de poules et de coqs, de canes et de canards, de jars et d'oies. Le propriétaire, Constant des Noues, un paysan qui est très prospère, habite tout près d'un enclos fermé de haies. Sa propriété regorge de gélines et de chapons. Il a bien garni sa demeure de provisions, il a largement de ceci et de cela, de viande salée, de jambons et des flèches de lard. Ce paysan, qui est riche en blé, est aussi très grandement logé. Et ses vergers produisent en abondance, beaucoup de bonnes cerises et plusieurs fruits de toutes sortes, des pommes et autres.

Renart arrive devant l'enclos où maître Constant tient enfermée sa volaille ; il est clôturé de pieux pointus et d'aubépines. Renart aimerait beaucoup y entrer mais il ne sait pas comment faire. Les épines empêchent qu'il passe par-dessous et, s'il essaie de sauter par-dessus, à coup sûr, on l'apercevra. Alors les poules courront se cacher pendant qu'on lui donnera la chasse.

À travers les feuilles, il voit les poules qui picorent devant lui, de l'autre côté de la haie, ce qui redouble son envie. Une nouvelle fois, il inspecte la clôture, encore plus attentivement, et voilà qu'il découvre, dans un angle, un pieu qui s'est brisé. L'escalader, passer de l'autre côté et se laisser tomber comme une masse entre les choux qui poussent là, c'est, pour lui, l'affaire d'un instant. Seulement, aussi vite qu'il ait pu faire, les poules l'ont quand même vu. Elles prennent la fuite en direction du poulailler.

Au même moment, messire Chantecler, le coq, revient d'inspecter les défenses de la basse-cour. En voyant cette débandade des poules, il vient se planter au milieu d'elles et, en se haussant du col, leur demande rudement pour quelle raison elles vont se cacher.

Pinte prend la parole pour répondre. De toutes, c'est elle qui garde la tête la plus froide, elle qui pond les plus gros œufs.

— Nous avons eu peur !

— Pourquoi ? Qu'avez-vous vu ?

— Je ne sais quelle bête sauvage qui nous aurait fait du mal si nous ne nous étions pas enfuies.

— Bah ! ce n'est rien, je vous assure. Vous pouvez rester dehors en sécurité.

— Pourtant je l'ai vue, réplique Pinte.

— Qu'avez-vous vu au juste ?

— J'ai vu trembler la clôture et bouger les feuilles du chou derrière lequel cette bête se cachait !

— Vous avez dû rêver. Aucun putois ni aucun goupil n'oserait venir jusqu'ici, je vous le garantis. Aussi, reprenez vos activités et cessez de trembler.

Là-dessus, comme il est sûr de lui, il s'installe sur le tas de fumier pour faire une petite sieste. Il a chanté trop tôt le matin, et le sommeil le gagne. Perché sur un pied, les yeux clos, il ne redoute rien et s'endort.

Or, tandis qu'il est en plein sommeil, il lui vient un songe étrange. Il rêve que dans la cour pourtant close quelque chose s'approche de lui, qui le terrifie. Cette chose porte un manteau de fourrure rousse avec une bordure d'os et le lui enfile de force sur le dos. Ensuite, il s'étonne de constater que le manteau est à l'envers et surtout que l'encolure est beaucoup trop étroite et le serre considérablement, presque jusqu'à l'étrangler. C'est un rêve si angoissant qu'il s'éveille en sursaut.

En proie à une grande frayeur, il a toutes les peines du monde à retrouver ses esprits puis se dépêche de rejoindre Pinte qui picore sous des buissons. Comme il a pleine confiance en elle, il la prend à part et lui dit :

— Pinte, je suis grandement inquiet. Je redoute d'être surpris par un animal féroce.

— Cher seigneur, il est inutile de crier avant d'avoir mal. Dites-moi plutôt d'où vous vient cette peur ?

— Je viens de faire un rêve étrange. Figurez-vous...

En quelques mots il lui dit l'affaire. Après qu'elle l'a écouté jusqu'au bout, il demande :

— Ce songe étrange, sauriez-vous l'interpréter pour moi ?

— C'est facile, lui répond-elle. La chose que vous avez vue et qui portait un manteau roux, c'était Renart. Avant midi, soyez-en sûr, il arrivera pour vous prendre. Si au moins vous vouliez me croire, que nous nous mettions à l'abri !

— Je crois, Pinte, que vous êtes folle ! Comment voulez-vous qu'il y ait le moindre danger alors que l'enclos est parfaitement fortifié ?

— Peut-être, dit-elle, mais je suis certaine de ne pas me tromper. C'est un rêve de très mauvais augure !

— Cela tourne au ridicule, répond le coq. Ne comptez pas sur moi pour croire pareille bêtise.

Sur quoi, très satisfait de soi, il regagne son tas de fumier, au soleil. Un moment, il observe les alentours mais Renart, qui est malin, prend garde de ne pas se montrer. Et comme il se sent en sécurité, à nouveau il ferme les yeux pour s'abandonner au sommeil.

Renart remarque qu'on ne le surveille plus. Pas à pas il s'approche du coq sans faire le plus petit bruit. Quand il est à portée, il bondit mais, au dernier moment, Chantecler ouvre l'œil et, devant le danger, saute de côté pour se mettre hors de portée.

Renart est déçu d'avoir raté son coup. Il comprend aussitôt qu'il aurait tort de poursuivre le coq ici et là car celui-ci risque de finir par lui échapper. Mieux vaut recourir à la ruse.

— Maître Chantecler, lui dit-il, n'ayez pas peur ! Je suis content de voir que vous êtes en bonne santé car vous êtes mon cousin germain.

Rassuré par ce beau discours, Chantecler entonne un petit chant de joie.

Alors Renart dit à son cousin :

— Vous rappelez-vous encore Chanteclin, le bon père qui vous a mis au monde ? Jamais coq n'a chanté aussi bien, on l'entendait d'une grande lieue à la ronde. Et quel souffle il avait ! Mais lui chantait les yeux fermés. Vous devriez faire comme lui.

Chantecler, qui n'est pas né de la dernière pluie, réplique :

— Beau cousin, serait-ce que vous cherchez à me prendre par la ruse ?

— Moi ! s'indigne faussement Renart, jamais de la vie. N'oubliez pas que nous appartenons à la même famille. Je préférerais perdre une patte que de nuire à un parent aussi proche que vous !

— Je ne vous crois guère, réplique Chantecler. Mais à condition que vous vous écartiez un peu plus, je chanterai. Nous verrons si quelqu'un dans le voisinage n'entend pas ma voix aiguë.

— Soit, dit Renart en riant. Je vous dirai si mon oncle Chanteclin chantait moins bien que vous.

Chantecler commence à pousser son cri d'une voix forte mais il demeure aux aguets, fermant un œil et gardant l'autre ouvert pour surveiller Renart.

— Ça n'est pas mal, dit ce dernier, mais votre père chantait beaucoup mieux, d'une voix plus claire, dans un seul souffle et les yeux fermés. Non, décidément, vous êtes loin de l'égaler.

Vexé, Chantecler recommence et, cette fois, en y mettant tout son cœur, les yeux complètement clos. Renart, qui n'attendait que ça, lui saute dessus, le prend par le cou et se met en devoir de l'emporter, très content de lui.

Pinte qui le voit faire se désole. Elle interpelle Chantecler en ces termes :

— Seigneur, pourquoi ne m'avez-vous pas crue ? Je vous ai mis en garde mais votre orgueil vous a empêché de m'écouter. Et à présent Renart vous tient ! Ah ! comme je suis malheureuse ! Je meurs car en perdant mon seigneur je perds mon honneur !

Au même moment, la brave fermière ouvre la porte de l'enclos. Comme c'est déjà le soir, elle est venue pour rentrer ses volailles. Elle appelle Pinte, Bise et Roussette mais aucune n'arrive. Perplexe, elle hèle aussi le coq, en criant à perdre le souffle. Sans plus de résultat. Alors, elle s'avance et surprend Renart qui le maltraite. Aussitôt, elle s'approche pour le secourir ; Renart, dès qu'il la voit venir, part en trottant, si vite qu'elle ne le rattrapera pas. Que faire, à part s'égosiller pour appeler à l'aide ?

Les paysans ne sont pas loin, dans un pré où ils jouent à la soule [1]. Aux cris de la vieille ils accourent.

— Hélas ! dit-elle en soupirant quand ils demandent ce qu'elle a, c'est mon beau coq qu'un goupil m'emporte !

1. Soule : désigne à la fois un ballon rempli de son ou de foin et le jeu que l'on pratique avec, à la main ou au pied.

— Espèce de vieille folle ! s'exclame Constant, pourquoi ne pas l'en avoir empêché ?

— Messire, c'est que je n'ai pas pu l'attraper, par tous les saints du Paradis !

— Et pourquoi ça ?

— Dame, il n'a pas voulu m'attendre !

— Tu aurais dû le frapper !

— Et avec quoi ? Je n'avais rien sous la main !

— Ce bâton, là ?

— De toute façon, il court trop vite. Même un bon chien ne soutiendrait pas son allure !

— Dis au moins par où il s'est enfui.

— Par ici, droit devant, répond la vieille.

Les paysans se mettent à courir en criant : « Par là ! Par là ! » Bientôt, ils l'aperçoivent.

— Regardez ! là devant ! C'est lui ! s'écrie messire Constant.

Il stimule son chien, un dogue de mauvaise réputation qu'il a baptisé Mauvoisin.

— Hardi, lui dit-il, sus au goupil !

Autour de lui, les cris redoublent : « Par ici ! Nous le tenons ! Tous après lui ! » Et les paysans, surexcités, courent d'un seul élan.

Désormais, Renart se trouve en péril et le coq, plus que lui encore, à moins qu'il n'imagine une ruse pour se tirer de ce mauvais pas.

— Comment pouvez-vous supporter les injures de ces vilains qui sont à vos trousses ? Messire

Constant n'est pas loin. Lancez-lui donc un de vos bons mots avant de franchir la clôture ! Quand il dira : « Renart l'emporte ! » rétorquez-lui : « Bien malgré vous ! » Il me semble que rien ne pourra le faire plus enrager !

Il n'existe pas de malin qui ne se laisse pas attraper un jour. Renart a beau être un maître en ruse, cette fois, c'est lui qui se fera berner.

Alors qu'il va quitter l'enclos, il s'écrie d'une voie forte :

— Bien malgré vous, sire Constant, j'emporte celui-ci !

Quoiqu'il soit à moitié mort, le coq, dès qu'il sent la mâchoire du goupil relâcher un peu sa prise, dégage vivement son cou, bat des ailes et s'envole en haut d'un pommier.

Renart, de son côté, est forcé de demeurer au sol, plein de dépit, fâché, très mécontent que sa proie lui ait échappé.

Chantecler, lui, se moque.

— Cousin, demande-t-il, quel est votre avis ? Que pensez-vous de ce siècle où nous vivons ?

Tremblant de colère, ce glouton de Renart lui répond méchamment :

— Maudite soit la bouche qui fait du bruit alors qu'elle ferait mieux de se taire !

— Et moi, dit Chantecler, je maudis l'œil – que la berlue le crève ! – qui se met à sommeiller alors qu'il devrait rester à veiller. Cela dit, cousin Renart, personne ne peut se fier à vous. Je renonce à notre cousinage qui a failli me coûter si cher. Allez-vous-en, sale parjure ! Si vous traînez ici plus longtemps, à coup sûr vous y laisserez la peau.

Renart n'a rien de plus à dire et ne veut pas faire durer une conversation qui ne lui plaît pas. Il fait demi-tour, sort de l'enclos et reprend son chemin. Il s'éloigne à travers la plaine, le ventre vide et fort en peine d'avoir laissé s'enfuir le coq dont il se serait rassasié.

Récit 8

Où l'on voit la mésange refuser le baiser de paix de Renart.

Renart ne s'est pas encore totalement consolé d'avoir manqué Chantecler quand il aperçoit une mésange perchée sur la branche d'un vieux chêne, à proximité de son nid.

Aussitôt, il lui donne le salut avant d'ajouter :

— Commère, quel plaisir de vous rencontrer ! Descendez donc me donner un baiser de paix !

— Renart, répond-elle, taisez-vous ! Vous seriez vraiment mon compère si vous n'étiez pas aussi malhonnête et tricheur ! Seulement vous avez joué des mauvais tours à tant d'oiseaux et tant de bêtes qu'on ne sait plus à quoi s'en tenir. Où pensez-vous vous arrêter ? En tout cas, personne ne peut plus vous faire confiance.

— Gente dame, répond le goupil, aussi vrai que votre fils est mon filleul par le baptême, je n'ai jamais rien fait, il me semble, qui soit susceptible de vous déplaire ! Et savez-vous pourquoi en aucun cas je ne commencerais aujourd'hui ? C'est que monseigneur Noble, le lion, a ordonné la trêve universelle, une grande paix qui, si Dieu le veut, saura durer. Sur l'ensemble de ses terres il l'a fait proclamer et ses vassaux ont tous prêté serment de la respecter. Les petites gens sont contentes car c'en est fini des disputes, des tensions et des guerres mortelles. Désormais, les animaux, les grands comme les petits, seront tranquilles, rendons-en grâce à Dieu !

— Je crois, Renart, que vous essayez de m'embobeliner ! répond la mésange. Mais vous perdez votre temps. Cherchez plutôt quelqu'un d'autre car, quoi que vous puissiez dire, ce baiser vous ne l'aurez pas !

Quand Renart entend que sa commère ne veut pas de son baiser, il insiste en disant :

— Puisque vous avez peur de moi, je vous donnerai ce baiser les yeux fermés.

— Ma foi, dit-elle, à ce compte j'accepte !

Le goupil ferme les yeux. La mésange se saisit d'une grosse poignée de mousse et de brindilles et, plutôt que de lui donner un baiser, ce qu'elle ne veut pas, elle lui en frotte la moustache.

Quand Renart s'élance en croyant l'attraper, il ne rencontre qu'un peu de mousse qui lui reste accrochée au museau.

— Ah ! Renart, quel genre de paix est-ce là ? dit-elle. Vous auriez rompu la trêve si je ne m'étais vivement écartée. Apparemment, votre roi a mal conclu son traité !

En l'entendant, Renart se met à rire.

— C'était une plaisanterie ! dit-il. Je l'ai fait pour vous faire peur. Mais recommençons, plutôt. Je ferme à nouveau les yeux.

— Entendu. Mais cette fois demeurez tranquille !

Le rusé baisse les paupières. Elle, que l'affaire amuse plutôt, vient se frotter à son museau mais en prenant garde de ne pas rester à portée. Une autre fois, Renart essaie de mordre mais ses dents se ferment en claquant sur du vent.

— Renart, dit-elle, qu'est-ce que cela signifie ? Je vois que je ne devrai plus jamais vous croire. Comment le pourrais-je ? Que l'enfer me brûle plutôt que de me fier à vous !

— Oh ! là ! là ! comme vous êtes froussarde ! Je voulais juste nous divertir en vous mettant à l'épreuve. Mais, assurément, je n'avais pas l'intention de me montrer traître ou félon. Revenez-y encore une fois, la troisième sera la bonne, par la très sainte Charité ! Par égard pour mon petit filleul qui gazouille là sur cet arbre, faisons la paix pour de bon et donnez-moi enfin ce baiser ! Tout pécheur mérite qu'on lui pardonne.

Perchée qu'elle est sur une branche haute, la mésange l'écoute mais ne le croit pas le moins du monde. Elle n'est pas si naïve.

Tandis que Renart discourt, voici qu'apparaissent au loin des piqueurs et des valets qui mènent des chiens de chasse en grand nombre. Dès que le goupil les aperçoit, il dresse la queue et se dispose à s'enfuir aussi vite qu'il le pourra.

La mésange l'interpelle :

— Beau compère, vous disiez que la paix universelle est proclamée ! Pourquoi n'attendez-vous pas un peu ? Je vais finalement vous le donner, ce baiser que vous me réclamiez avec tant d'insistance.

Seulement Renart, qui a peur, ne veut pas perdre un instant de plus. Il s'en tire par ce mensonge :

— Certes oui, la trêve est déclarée mais la nouvelle n'est pas encore sue de tout le monde. Ces chiens qui viennent me paraissent trop jeunes.

Leurs pères ont juré la paix et l'appliquent mais eux-mêmes n'ont pas pu participer à la prestation de serment à cause de leur jeune âge.

— Comme vous voilà médisant, répond la mésange qui s'amuse vraiment. Vous pensez qu'ils oseraient enfreindre un édit royal ? Pour ma part, je ne les en crois pas capables. Revenez et embrassons-nous !

— Pas le temps ! réplique Renart qui a déjà pris le trot.

Bientôt, il tourne pour rejoindre un raccourci qu'il connaît et se trouve hors de vue.

Récit 9

Où Renart et Tibert s'introduisent dans le cellier d'un vilain.

Nous voici en mai, quand revient la saison nouvelle, aux environs de l'Ascension. Il fait beau et doux mais Renart n'en profite pas car il est à court de provisions. Il ne cesse de bailler à cause de la faim, et son estomac le tenaille à force d'être vide.

Alors il sort de son château et va devant lui au galop jusqu'à ce que, près d'une clôture, il tombe par hasard sur Tibert le chat.

Il le salue et lui demande :
— Beau doux ami, où allez-vous ? Dites-le-moi.

Sire, fet Tybert, par ma foi,
Je avoie enprise ma voie
Chiés un vilain lez cele haie
Qui est iloques devant vous.
Li vilain a, foi que doi vous,
Une feme qu'il ainme tant,
Que riens qu'el voille tant ne quant
Ne li contredit, tant soit let.
Cele a mucié plain pot de let
En une huce, et la m'en vois
Tot eslessié par mi cest bois,
Savoir s'i porroie avenir.
Se tu en veus o moi venir,
Ge t'en menrai en la meson,
Mes per foi soiom compaignon.
Gelines et capons i a.
Renart respont : et g'irai la,
Gié t'en asoür, volentiers.

— Ma foi, seigneur, fait Tibert, je me suis mis en route pour me rendre chez un vilain, près de cette haie qui se dresse là-bas devant vous. Ce vilain, croyez-moi sur parole, a une femme qu'il aime tant que, ni peu ni prou, il ne lui refuse rien de ce qu'elle veut, pas même si cela lui déplaît.

Cette dernière a caché un plein pot de lait dans une huche. C'est là que je vais, tout esseulé dans ce bois, pour savoir si je pourrai y accéder. Si tu veux venir avec moi, je t'emmène à cette maison, seulement il faut nous comporter en bons compagnons. Il y a des poules et des chapons.

Renart répond :

— Oui, oui ! j'irai là volontiers, je te l'assure.

Sur quoi, ils se mettent en chemin et mènent grande allure, aussi ne sont-ils pas longs avant d'atteindre la maison en question. Tout doucement, à pas feutrés, ils pénètrent dans l'enclos par un trou dans la palissade et s'avancent vers le poulailler.

— Savez-vous, bel ami, ce que vous devriez faire ? dit alors Tibert à Renart. Si vous allez au poulailler maintenant, vous réveillerez les chiens qui sont nombreux dans la maison, et nous manquerons la moitié de notre affaire. Venez plutôt avec moi. Pour commencer, vous aurez du lait à volonté. Ensuite, vous prendrez des volailles.

Renart répond :

— Très volontiers, je m'en tiendrai à votre avis. Passez devant, je viens derrière.

Tibert, qui est le plus habile, entre le premier chez les paysans. Renart le suit de près. Les voici tous deux arrivés devant la fameuse huche.

— C'est le moment de vous comporter en bon ami, dit le chat. Tenez le couvercle soulevé, si vous le voulez bien, afin que je puisse entrer dans la huche.

— Avec plaisir, répond Renart.

Et joignant le geste à la parole, il lève à bout de patte le lourd couvercle en bois. Tibert ne perd pas un instant : il saute dans la huche, enfonce la tête dans la cruche et se met à avaler le lait avec avidité.

En le voyant faire, Renart frémit de gourmandise. Il aimerait boire lui aussi.

— Tibert, dit-il au bout d'un moment, n'en avez-vous pas eu assez ? Il me semble que voilà satisfaite la forte envie que vous aviez. Pour ma part, je me sens faiblir. Ce bois que je tiens me pèse rudement ! N'êtes-vous pas rassasié ?

Tibert ne répond pas et continue de boire. En fait, il est tellement absorbé qu'il n'entend même pas ce qu'on lui dit.

Renart l'interpelle de nouveau :

— Mon cher ami, je vous en conjure, pressez-vous car, par saint Denis, je sens que je vais relâcher le couvercle !

Sans écouter plus ce que lui dit Renart, Tibert fait un sort au lait. Il boit tant et si goulûment qu'au bout d'un moment il est forcé de s'arrêter et de lever enfin la tête : la cruche est vide. Alors, pour bien montrer qu'il n'y a plus rien dedans le pot, il le renverse.

— Vraiment, vous êtes trop gourmand ! s'exclame Renart dépité de voir qu'il ne goûtera pas le lait. Allez, sautez dehors sans tarder, ajoute-t-il, car je n'y tiens plus ! Ce couvercle me pèse trop. Je risque de le lâcher, je n'ai plus aucune force !

— Compagnon, fait Tibert, j'y consens.

Aussitôt, il bondit sur le rebord de la huche mais, juste au moment où, de là, il saute au sol, Renart lâche le couvercle. En réalité, au lieu de le laisser choir seulement, il le ferme d'un coup si violent qu'en retombant sur la queue du chat, il la lui tranche net.

Sous le coup de la douleur qui est terrible, Tibert ne peut pas s'empêcher de s'en prendre à Renart :

— Vous m'avez bigrement arrangé en me tranchant la queue ! Je souffre le martyre !

— Tranché la queue ! Moi ? Ma parole, je n'ai rien fait de tel !

— Qui l'a fait, alors ?

— Vous-même !

— Sûrement pas, par saint Léonard !

— Mais si ! Et de toute façon, ne vous sentez-vous pas plus léger sans elle ?

— Vous vous moquez de moi ?

— Voyons ! Vous devriez être très content d'en être soulagé. À quoi vous servait une telle queue ?

Si jamais on vous donne la chasse, vous courrez beaucoup plus vite sans elle ! Vraiment, et je ne plaisante pas, pour un peu, je me ferais couper la mienne à moitié, histoire d'en être allégé moi aussi.

Ne sachant pas trop que répondre à ça, Tibert se contente de marmonner :

— Jusqu'à présent, vous l'avez quand même trouvée utile. Mais n'en parlons plus. Portons plutôt nos pas au poulailler, ainsi que nous l'avions décidé.

— Par saint Richer ! s'exclame Renart, fort réjoui, c'est dire que nous allons manger !

Chemin faisant, Tibert a réfléchi, et voici ce qu'il dit à Renart :

— Très cher ami, vous le voyez, les volailles sont ici dedans. Mais à mon avis, vous laisserez tranquilles les poules pour vous saisir du coq en premier. Il est fort grand et très dodu alors que les poules n'en valent pas la peine. Elles sont maigres et déplumées, et risquent de se montrer dures tant elles sont vieilles. En plus, si vous commenciez par elles, le coq vous gênerait. Il est jeune et ardent et ne manquerait pas de donner l'alarme. À coup sûr, il réveillerait Gombaut, le fermier !

En l'entendant parler avec autant d'apparente sagesse, Renart se dit qu'il a raison. Il ne sait pas que Tibert a l'intention de le rouler pour se venger de sa queue perdue.

— Je vais suivre vos bons conseils, murmure-t-il.

Et aussitôt qu'il est entré dans le poulailler il va droit à Chantecler qui est perché à côté de Pinte. Renart le saisit par la tête et se réjouit d'une prise aussi facile.

Tibert, qui le surveille, lui fait un signe de la main pour le féliciter puis demande :

— Attention qu'il ne vous échappe pas ! Le tenez-vous bien, au moins ?

Renart, qui ne soupçonne pas une ruse de la part du chat, lui répond sans réfléchir :

— Oui, sur ma vie, je le tiens serré par le cou.

Seulement, pour parler, il ouvre la gueule. Sentant que se relâche la pression des dents, le coq bat des ailes et s'envole. Il se perche vite hors de portée du goupil et se met à crier comme un beau diable.

Le fermier, messire Gombaut, qui dormait du sommeil du juste, lève la tête de sur l'oreiller. Il entend messire Renart qui pille son poulailler, saute du lit en grande hâte, siffle ses chiens, rameute toute la maisonnée.

Déjà, flanqué des mâtins, il ouvre la porte du logis des poules. Tibert, dès qu'il les a entendus venir, a filé sans faire de bruit. Quant à Renart, il se rend compte – mais trop tard ! – qu'il s'est joliment fait berner. Que peut-il faire ? Il ne restera sûrement pas sur place, d'autant moins que le fermier lance ses chiens sur lui. À son tour, il prend la fuite, tandis que les autres sont à ses trousses et le serrent de près.

En maudissant mille fois Tibert qui lui a joué un tour si pendable, il court vers l'endroit de la clôture qui lui permettrait de sortir. Mais les chiens connaissent mieux le terrain et le devancent. Au moment où il va traverser la palissade, ils s'accrochent à sa fourrure, la déchirent à belles dents. Ils le tirent en arrière, le font tomber sous leurs pattes, le piétinent sans retenue. Vraiment, Renart est mis à mal. Il se trouve en mauvaise posture.

Rassemblant ses dernières forces, il parvient pourtant à se relever et, profitant de ce qu'il est plus vif, il leur échappe et se glisse par le trou de l'enclos. Le voici dehors, où les chiens ne peuvent pas le suivre.

Une fois encore, il en sera quitte pour la peur. D'ailleurs il reprend au grand galop le chemin de Maupertuis. Chemin faisant, il s'exclame :

— Tibert ! Maudit bâtard ! Je jure sur tous les saints que quand je te rencontrerai, je te ferai payer ce sale tour que tu viens de me jouer !

Ce sera une autre fois car, pour l'heure, il songe seulement à mettre la plus grande distance possible entre lui et les chiens qu'il entend japper dans le lointain.

Récit 10

OÙ L'ON VOIT TIÉCELIN, LE CORBEAU, SE MONTRER PLUS SUBTIL QUE RENART.

Entre deux collines douces, dans un vallon, coule une fraîche rivière. Sur la rive a poussé un grand hêtre solitaire qu'environne une verte prairie. Aucun chemin tracé n'y mène et c'est par hasard que Renart arrive là un jour. Après avoir fait le tour du tronc, il s'allonge sur l'herbe douce et s'y roule avec plaisir. Il trouve le lieu des plus hospitaliers et ne demanderait pas mieux que d'y demeurer quelque temps si, seulement, il n'avait pas faim.

De son côté, maître Tiécelin, le corbeau, se trouve aussi dans les parages. Lui ne s'attarde guère à apprécier le charme des lieux. La faim le travaille ; il n'a rien mangé de la journée.

Sortant du bois, il plane un long moment au-dessus de la prairie avant d'apercevoir, dans un enclos, quelque chose qui a l'air des plus prometteur.

C'est qu'on a placé là des fromages en belle quantité, au moins un petit millier, pour les faire sécher au soleil. La vieille qui est chargée de leur surveillance est rentrée un moment dans la maison.

Tiécelin ne laissera pas passer l'occasion. Il repère rapidement le fromage le plus beau et le plus gros, puis, vivement, le saisit entre ses pattes.

Au même instant, la fermière ressort et le voit :

— Ha ! vaurien, tu ne l'emporteras pas plus loin !

Sans cesser de crier, elle ramasse des pierres qu'elle lui lance de toutes ses forces. Elle semble être à moitié folle.

— Tais-toi, la vieille ! Et si on t'en reparle, tu diras que, celui-ci, je l'ai emporté ! Que j'en aie eu le droit ou pas, vois-tu, je l'ai fait mien. J'ai couru le risque de me servir ! Et souviens-t'en pour une prochaine fois : mauvaise garde fait l'affaire du loup !

Sur ces bons mots, Tiécelin s'éloigne à tire-d'aile. Quand il est assez loin, il se perche sur une branche en haut d'un arbre pour déguster sa proie. C'est celui, précisément, qui couvre Renart de son ombre.

Les voici devenus compagnons d'arbre, l'un en bas et l'autre en haut, mais leur situation est différente car s'ils ont grand-faim tous les deux, l'un a de quoi manger et l'autre pas.

En haut, le corbeau se goberge. Le fromage est mou et crémeux, le bec y plonge sans difficulté pour en extraire le cœur qui est fait à point. Et voilà qu'un morceau de croûte que le corbeau laisse échapper tombe juste devant le nez du goupil. Aussitôt ce dernier lève la tête, écarquille les yeux pour mieux voir et reconnaît celui qui tient le fromage sous ses pattes.

Dieu sait que Renart aime le fromage – outre qu'il croquerait volontiers celui qui l'a dérobé, pardessus le marché !

— Par tous les saints de Dieu, s'exclame-t-il en simulant la surprise, n'est-ce pas maître Tiécelin ! Que Notre Seigneur vous protège, compère, vous et l'âme de votre père, maître Rohart qui savait chanter si joliment. Souvent j'ai entendu dire qu'il était inégalé en France comme chanteur. Et vous-même, si je m'en souviens bien, vous n'étiez pas mauvais musicien quand vous étiez enfant. Chantez-moi donc un petit air !

Flatté par ces louanges, Tiécelin ouvre le bec et jette un cri.

— Vivat ! dit Renart. C'est beaucoup mieux que jadis. Cependant, si vous le vouliez, vous pourriez monter plus haut !

L'autre qui se flatte de chanter recommence aussitôt à crier.

— Mon Dieu, dit Renart, votre voix est déjà plus pure et plus claire. Si vous mangiez moins de noix, vous chanteriez le mieux du monde. Essayez donc encore une fois.

Maître corbeau, qui s'est pris au jeu, ne pense plus qu'à faire entendre au mieux sa voix. Les yeux fermés, la tête baissée, il se concentre sur son chant et, oubliant tout le reste, desserre les ongles de ses pattes. Le fromage tombe juste aux pieds de Renart.

Ce dernier en frémit de convoitise mais il n'y touche pas. Il espère, en plus, attraper Tiécelin.

Li formaches li gist devant.
Il leve sus cheant levant ;
Le pié trait avant dont il cloce,
Et la pel, qui encor li loce,
Bien vout que Tiecelins voie.
« Ha Dex ! fait il, con poi de joie

M'a Dex doné en ceste vie !
Que fera ge, seinte Marie ?
Cist formages me put si fort
Et flere je qu'il m'aura mort.
Tel chose i a qui molt m'esmaie,
Que formages n'est prous a plaie.
Ha ! Tiecelin, car descendés !
De cest mal si me defendés !
Certes ja ne vos en priasse,
Mes j'oi l'autrer la jambe qasse
En un braion par mesceance.
La m'avint ceste mesestance. »
Tiecelins cuide que voir die
Por ce que en plorant li prie.
Il descent jus, que ert en haut ;
Mes mar I acointa le saut,
Se danz Renart le puet tenir.

Le fromage est devant lui. Il se soulève puis se rassied, tend en avant la jambe dont il boite et dont la peau part encore en lambeaux. Il veut que Tiécelin la voie bien.

— Ha Seigneur ! fait-il, comme Dieu m'a donné peu de joie dans cette vie ! Que ferai-je, sainte Marie ? Ce fromage pue tellement fort, et je pense qu'il causera ma mort. Ce qui m'effraye surtout c'est que le fromage n'est pas bon pour une plaie. Ha ! Tiécelin, descendez pour me délivrer de ce

mal. Assurément, je ne vous l'aurais pas demandé mais, par malchance, j'ai eu la jambe cassée l'autre jour dans un piège à mâchoire – c'est là que j'ai été blessé.

Tiécelin croit ce que dit Renart parce qu'il le supplie en pleurant. Alors il descend au sol, lui qui était en haut, mais ce saut pourrait lui coûter cher si maître Renart parvient à le saisir.

Toutefois, le corbeau n'ose pas encore trop s'approcher. En le voyant hésiter, le goupil s'efforce de le rassurer.

— Voyons, que pourriez-vous craindre d'un blessé ? dit-il. Par Dieu, compère, venez plus près !

L'autre fol s'avance vers lui et n'a pas le temps de dire un mot avant que Renart lui saute dessus. Il comptait prendre le corbeau mais il l'a raté : seules quatre plumes lui restent entre les dents.

Du coup, Tiécelin est très fort en colère. Renart voudrait se justifier ; il le coupe sèchement :

— L'ami, que le fromage vous reste mais vous n'obtiendrez rien d'autre de moi aujourd'hui ! Le fait est que j'ai fait une folie en vous croyant blessé alors que je vous avais vu vous lever.

À ces propos véhéments, Renart préfère ne rien répondre.

Très vite, il se console d'avoir manqué son coup en mangeant le fromage. Au fond, il éprouve un seul regret, c'est qu'il soit aussi petit ; d'avoir fait chanter le corbeau lui aura rapporté juste une bouchée. Pourtant, lui semble-t-il, de sa vie il n'a pas mangé de fromage aussi délicieux.

Sur quoi, comme sa plaie ne s'en porte pas plus mal, il se redresse et s'en va à petits bonds. Une fois de plus, il a dupé son adversaire même si ses plans n'ont pas totalement réussi.

Récit 11

Où l'on constate que la querelle entre Isengrin et Renart s'aggrave.

Cela se passe un certain jour où Isengrin quitte sa lande en quête de nourriture. Au même moment, à peu près, Renart sort de sa tanière pour des raisons similaires. Les deux cheminent longuement, sur les sentiers, par les taillis, à travers prés et champs labourés. À coup sûr, ils vont se rencontrer ! Au sommet d'une colline, ils se trouvent presque nez à nez.

Renart n'est guère content de tomber ainsi sur son compère ; il en a peur à cause des méchants tours qu'il lui a joués. Mais que faire ? Il est trop tard pour tourner les talons, alors il l'aborde des plus aimablement :

— Cher oncle, dit-il, quel plaisir j'ai de vous voir ici !

Isengrin, en le voyant, fait claquer sa mâchoire.

— Le mien n'est pas moindre, lui répond-il rudement, car j'aurai la satisfaction de te faire passer dans mon ventre ! Grâce à toi, ma panse sera bien remplie et ta viande me rendra plus fort ! Allons ! Qu'attends-tu pour entrer dans ma gueule ?

Là-dessus, il se jette sur Renart. Il a les dents très aiguisées et le goupil passera de vie à trépas s'il ne trouve pas vite le moyen d'éviter un sort aussi funeste.

Heureusement pour lui, il distingue, en bas dans la plaine, un vilain qui marche sur le chemin. Et ce vilain porte sur l'épaule un beau jambon qu'il a prévu de mettre au sel.

— Doux sire, dit alors Renart, laissez-moi aller. Il y a là un paysan qui vient avec un jambon. Voilà une nourriture délicieuse. Courons nous en emparer ! Mais faisons d'avance le partage, ici même. Voici ce que je propose ; deux tiers pour vous, à cause de votre plus grande taille, et le reste sera pour moi.

En l'entendant, Isengrin fait la grimace.

— Par saint Clair, je n'ai pas envie de m'attaquer à un paysan. Pas plus tard qu'hier, un de ses semblables m'a donné un tel coup de gourdin que j'en suis resté à demi assommé. Aussi n'ai-je pas envie de me faire battre à nouveau.

— Fiez-vous à moi, bel oncle ! Si je ne parviens pas à vous faire avoir ce jambon, j'accepte qu'on me pende par le cou avec une corde.

Sur quoi, il descend jusqu'au chemin. Il a imaginé une astuce et, dès qu'il est à la vue du paysan, se met à boiter. Il fait celui qui ne peut plus avancer qu'avec beaucoup de peine. Le vilain se réjouit. Il croit qu'il prendra le goupil à la main et, pour s'en saisir, presse le pas. Renart, qui le voit venir, s'éloigne un peu mais en donnant l'impression qu'il ne pourra pas aller loin. L'autre accélère encore puis, voyant que le jambon l'empêche d'aller plus vite, le pose au sol.

— Cette fois, tu ne m'échapperas plus, dit-il. Avant ce soir, ta peau garnira le col de mon manteau !

Renart l'entend et rit sous cape. Il sait qu'il y a loin entre dire et faire. Il accélère un peu l'allure, entraînant le nigaud derrière lui.

Isengrin qui a suivi la scène avec attention ne laisse pas passer l'occasion. Il saute sur le jambon et sans se demander d'où vient le vent, l'emporte dans un buisson. Une fois là, il le mange en entier, sans en laisser la moindre miette.

Un peu plus loin, la poursuite s'arrête. Voyant que, décidément, il n'attrapera pas le goupil, le vilain renonce et revient sur ses pas. Quand il atteint l'endroit où il a laissé le jambon, il fait une tête de six pieds de long en constatant qu'il n'y est plus. Vraiment, personne n'a jamais été aussi contrarié !

Renart ne s'occupe plus de lui. Il fait un grand détour en courant pour gagner le buisson où se tient Isengrin. Il escompte bien avoir sa part de la proie, un tiers, comme il l'a prévu. Seulement, quand il arrive, Isengrin lui tend la ficelle du jambon ; c'est tout ce qu'il lui a laissé.

Même s'il est furieux, Renart se refuse à livrer bataille car il n'est pas de force contre le loup. Il se contente de dire :

— Je laisse la corde à celui qui la mérite et je m'en vais, car messire, par Jésus-Christ, vous n'êtes pas de bonne compagnie !

Sur quoi il tourne les talons et s'éloigne, fort en colère et cherchant de quelle façon il pourra se venger de l'humiliation que lui a fait subir son compère.

Tandis qu'il marche pensivement la campagne se met brusquement à résonner de cris et d'appels que poussent des chasseurs.

Renars entent la taborie,
Ne set qu'il puisse devenir,
Si s'apareille de foïr,
Et li veneors vint aprés,
Si descouple les ciens engrés :
« Or Tribole ! or Clarenbaut !
Par ci fuit li gorpil, Rigaut.
Or ci Plesence, aprés d'ale ! »
Ses levrers va toz descopler.
Renars s'en va grant aleüre,
Li levrer vienent a droiture.

Renart entend le tapage. Il ne sait pas ce qu'il va devenir. Il se prépare à s'enfuir tandis que le veneur vient après lui et découple ses chiens méchants :

— Allez Triboule ! Allez Clairembaut ! Le goupil s'enfuit par là, Rigaut ! Allez, par ici, Plaisance ! Après lui !

Il a détaché tous ses lévriers. Renart s'en va à grande allure et les lévriers courent droit à lui.

C'est alors, tandis qu'il détale, que lui vient une idée. Il revient sur ses pas et les mène au buisson où Isengrin, le ventre plein, fait une sieste pour digérer. Quand ils tombent sur le loup, les chiens oublient aussitôt le goupil qui continue de fuir et s'en tire sans dommage.

Pour messire Isengrin, c'est une tout autre histoire : sans crier gare, les chiens se mettent à lui arracher la peau. Lui fait face, car il est rude au combat. Ceux qu'il peut atteindre, il les mord et les déchire à belles dents. Il fait tant et si bien qu'au bout d'un moment les chiens baissent d'ardeur : ils ne sont plus capables de rivaliser avec sa vaillance. Ils renoncent alors au combat, et laissent Isengrin s'en aller. Aussi vite qu'il le peut, il s'éloigne du champ de bataille, toutefois, il est mal en point car la correction qu'il a reçue a été rude.

Tout en regagnant sa tanière, clopin-clopant, il pense à Renart et se demande comment il pourra lui créer le plus de soucis possible. Plus il va et plus sa colère augmente. Il se souvient des mille misères que lui a fait subir le goupil. Et justement, alors qu'il arrive chez lui et que dame Hersent, son épouse, l'accueille comme il se doit, il se rappelle que, avec elle aussi, Renart s'est mal comporté.

Du coup, c'est contre elle qu'il se fâche ; il lui donne un coup de pied, comme s'il avait trop bu, et l'insulte :

— Espèce de débauchée ! Garce ! Tu as couché avec Renart. Je vous ai vus faire, tu ne diras pas le contraire !

Hersent manque devenir folle de rage en l'entendant parler de la sorte. Pourtant, elle se reprend et fait l'effort d'expliquer à nouveau ce qu'il s'est passé.

— Seigneur, dit-elle, c'est vrai qu'il m'a déshonorée mais vous savez bien qu'il m'a fait violence ! Rappelez-vous, plutôt ! Nous poursuivions Renart et, à un moment, alors que je croyais le rejoindre, j'ai fait preuve, je l'admets, d'une grande sottise. Il est entré dans un terrier et moi, j'ai voulu l'y poursuivre alors que je suis nettement plus grosse que lui. Du coup, je me suis retrouvée coincée. La tête était passée mais pas le ventre. Alors que je me débattais sans pouvoir ni avancer ni reculer, ce traître de Renart est sorti de sa tanière par une autre issue et, à mon corps défendant...

En l'entendant raconter l'humiliation que lui a fait subir son compère, Isengrin écume de rage. Non seulement, quand il est arrivé sur les lieux, il a vu le goupil qui abusait de la louve mais, en prime, quand il a crié :

— Holà Renart ! par les clous de la sainte Croix, vous allez payer cher cet affront !

L'autre, tranquillement, a répliqué :

— Tout doux, beau sire ! Votre colère est-elle ce que je gagnerai à vouloir vous rendre service ?

Un peu ébaubi par tant d'audace, le loup a demandé :

— M'aider, dites-vous, alors que vous êtes sur ma femme et que vous lui faites l'amour !

— Bah ! qu'êtes-vous en train d'imaginer, bel oncle ? J'essaie seulement de la dégager. Je ne lui ai causé aucun tort ; j'en ferai le serment solennel pour me disculper si vous voulez !

— Inutile d'imaginer des mensonges, sale traître ! Ce que j'ai vu me suffit pour savoir ce que tu faisais. Garde tes inventions pour un autre !

— Ainsi vous préférez persister dans l'erreur ! a dit Renart.

— Parce que tu crois que j'ai les yeux crevés ? Je ne suis pas aveugle ! Où as-tu déjà vu qu'on pousse de toutes ses forces ce qu'on veut attirer vers soi ? C'est pourtant ce que je t'ai vu faire avec Hersent !

— Elle était si fortement coincée, a répliqué Renart avec un aplomb incroyable, que si je l'avais tirée vers moi, j'aurais pu lui arracher la queue sans la faire bouger d'un pouce. Au contraire, en la poussant, je comptais la décoincer : le terrier est étroit à l'entrée, voyez-vous, mais il va en s'élargissant.

Dame Hersent voit que son Seigneur est tellement pris par la colère en se remémorant la scène qu'il risque de s'étouffer. Aussi cherche-t-elle un moyen pour le calmer.

— Messire, dit-elle, pensez plutôt à autre chose. Ce qui est fait est fait. Mieux vaudrait que vous songiez à laver l'affront que nous a fait ce maudit

Renart. À la cour de Noble, le roi, on juge des différends qui opposent les vassaux entre eux. Allons y plaider notre cause. Vous comptez beaucoup d'amis parmi les bêtes qui entourent le souverain, et le goupil beaucoup d'ennemis. N'en doutez pas, on vous donnera raison.

Ces sages paroles ramènent la paix dans le cœur irrité du loup. D'autant que dame Hersent ajoute :

— J'en suis persuadée, on forcera Renart à réparer son crime, peut-être même par un duel judiciaire en champ clos.

Cette perspective ranime Isengrin ; il aimerait tant en découdre à la loyale avec son ennemi juré.

— Vous avez mille fois raison, dit-il. Allons-y. J'ai déjà trop perdu de temps à me morfondre et à grogner au lieu d'agir.

Et sans perdre un moment de plus, ils prennent ensemble le chemin de la cour pour y demander justice au roi.

Récit 12

Où Isengrin se plaint devant la cour de Noble.

Désormais, lecteur, Isengrin ne va plus lâcher Renart. Il sait parler et plaidera habilement sa cause ; s'il parvient à le faire condamner par la justice royale, c'est sûr, le goupil sera en mauvaise posture. Pour l'heure, avec dame Hersent, son épouse, le loup se rend auprès de Noble, le lion.

Parvenu furent el palez
La ou li rois tenoit ses plez.
La cors estoit granz et plenere :
Bestes i ot de gant manere,
Feibles et fors, de totes guises,
Qui totes sont au roi susmises.
Li rois sist sor un faudestuet
Si riche conme a roi estuet.
Tot entor lui siet a corone
Sa mesnie qui l'avirone ;
N'i a un sol qui noise face.

Les voici parvenus au palais, où le roi tient ses assemblées. La cour, nombreuse, est au grand complet. Il y a là des bêtes de beaucoup d'espèces diverses, des faibles et des fortes, de toutes sortes. Elles sont toutes soumises au roi. Celui-ci est assis sur une chaise pliante très riche, comme il convient à son rang. Autour de lui sa maisonnée est assise, formant un cercle. Il n'y a personne qui fasse du bruit.

— Cher et noble roi, commence alors Isengrin, faites-moi justice des méfaits innombrables que Renart a commis à mon encontre. Si vous le souhaitez, j'en ferai la liste, mais elle est tellement longue que je craindrais, en les énumérant, de lasser votre patience. Aussi est-ce pour le pire de ses forfaits seulement que je viens réclamer vengeance. Renart, ce maudit, qui ne respecte rien, pas même les liens sacrés du mariage, a déshonoré ma femme. Il fait tomber la honte sur moi. Hersent, que vous voyez là, peut en témoigner !

Le roi l'a écouté un petit sourire aux lèvres ; il essaie d'abord de l'apaiser :

— M'est avis, cher Isengrin, que vous devriez renoncer à cette plainte. Vous n'avez rien à gagner à un procès sinon que vous rendrez publique votre infortune et la ferez connaître de tous. Dans ce genre d'affaire, mieux vaut se taire et oublier.

Mais Isengrin ne veut pas entendre raison. Il pousse dame Hersent qui prend la parole à son tour.

— Sire, je confirme les dires de messire Isengrin, affirme-t-elle alors avec beaucoup de dignité. Mais je m'empresse d'ajouter que je ne suis coupable en rien. Si Renart m'a fait l'amour – et sous les yeux de mon mari, encore –, c'est malgré moi. Coincée que j'étais dans l'entrée d'un terrier, je n'ai pu ni résister ni me défendre. Et j'ajoute que, auparavant, je n'ai jamais prêté l'oreille aux propositions du goupil. Jamais, non plus, je ne l'ai encouragé à me faire la cour. Je suis prête, pour le prouver, à subir l'épreuve de l'eau bouillante ou du feu.

— Ainsi, dit Noble, c'est par amour que Renart a agi.

— Sire, répond Hersent, depuis très longtemps – dès avant que je me sois mariée, en fait – Renart me poursuit de ses assiduités. Mais je l'ai toujours fui, et je n'ai accédé à aucune de ses prières.

— C'est donc par amour qu'il vous a chevauchée, répète Noble. Voilà qui rend sa faute moins lourde car elle n'est pas incompatible avec la valeur et la noblesse.

Se tournant vers le chameau qui siège juste à sa droite, il demande :

— Maître ! Quelle est votre opinion en la matière ?

Ce dernier, que chacun à la cour admire et vénère, est très sage et fort compétent en droit, outre qu'il est l'ami et le légat du pape, venu à la cour pour y apporter le tribut versé par Constantinople.

— Olé ! Holà ! commence le chameau manière de s'éclaircir la voix. Il importe de l'affaire examinare. Après quoi, voilà le verdict que jé racomande en subséquence des régoulations canoniques. Il y a eu violement des liens dou matrimonio. Si l'accusé n'a pas l'aptitoude de se disculpare, alors condamnation il faut contre loui. Primo, oune amende donaré, ce qui veut dire que tota la fortouna de lui doit passer dans les caisses dou roi. Et pouis après, le condamné, il faut le brouler sur le boucher, par la Santa Croche de Diou. Ainsi, puissant roi, tou auras rendou bona justicia !

Quand ils entendent ce discours, certains des barons rient sous cape pendant que d'autres font grise mine. Le lion, lui, relève fièrement la tête et demande à ses courtisans :

— Puisque vous êtes les plus nobles et les plus braves d'entre les bêtes, allez-y, donnez-moi votre point de vue. Je m'en remettrai à votre jugement !

Alors, les barons se retirent un peu à l'écart pour discuter entre eux de l'affaire. Ils veulent négocier pour donner un avis commun. Ils sont près de mille assemblés. Parmi les plus éminents se trouvent Brun, l'ours, qui a déjà eu à se plaindre de Renart, Tibert, Brichemer le cerf, Beaucent le sanglier, et aussi Grimbert le blaireau, qui est le cousin du goupil.

La discussion est rude et s'éternise car ils ne parviennent pas à se mettre tous d'accord. Certains voudraient condamner Renart sévèrement et le punir pour l'ensemble de ses méfaits, d'autres prétendent qu'il convient de se prononcer seulement sur ce qu'il a fait subir à Hersent. Ceux-là préféreraient réconcilier entre eux les ennemis plutôt que de faire couler le sang.

Finalement, comme ils ne parviennent toujours pas à tomber d'accord, ils acceptent de se ranger à l'avis de maître Brichemer, l'avisé, quand il propose :

— Remettons-nous-en au jugement de Roonel, le chien de Thierry de La Fontaine. Il n'y pas meilleur que lui pour débrouiller ce genre de situation !

Comme c'est lui qui en a eu l'idée, c'est Brichemer qui fait part de leur décision au roi :

— Sire, dit-il, le dimanche qui vient, juste après la messe dominicale, nous exigerons de Renart qu'il se justifie devant Roonel, dont la sagesse n'est plus à vanter. S'il jure sur les saintes reliques qu'il est innocent, alors il conviendra le tenir pour tel.

Content d'être débarrassé d'une affaire aussi épineuse, Noble s'empresse d'accepter. Là-dessus, la cour se sépare et chacun regagne son château, sauf Grimbert, que le roi a chargé de porter sa convocation à Renart. C'est pour cela qu'il se rend à Maupertuis où, en peu de mots, il fait part de la situation au goupil.

— Cher cousin, je vous conseille d'obéir à l'ordre du roi cette fois, dit-il. Sinon il finira par vous en tenir rigueur.

— J'ai l'intention de le faire, se contente de répondre Renart. Au jour dit, je me présenterai devant l'assemblée pour me disculper.

Il est inquiet mais son orgueil est si fort qu'il ne le montre pas ; au contraire, il feint la désinvolture.

Alors Grimbert s'en retourne, satisfait d'avoir mené sa mission à bien.

Seulement, de son côté, Isengrin ne veut pas que Renart s'en tire facilement. Il sait que le goupil jurera tout ce qu'on lui demandera car il n'est pas à un parjure près. L'idée que son ennemi sera innocenté le tracasse et lui ôte le sommeil. Si bien que le samedi, veille du jugement, il s'en va trouver le juge désigné. Il le rencontre couché au soleil sur la paille, devant la grange du sieur La Fontaine.

— Messire Roonel, lui dit-il après l'avoir dignement salué, je viens vous parler en ami car j'ai besoin d'un avis. Renart et moi sommes en guerre, j'ai beaucoup à me plaindre de lui. Puisqu'on vous a désigné comme juge de notre querelle, je voudrais que vous preniez mon parti. Je lui aurais volontiers fait reconnaître ses torts les armes à la main mais le roi et les barons en ont décidé autrement. Je compte sur votre appui. En plus de quoi, il me reste à trouver un reliquaire, et je ne sais pas comment m'y prendre.

— De cela, ne vous souciez pas, je vous en fournirai un, et un bon. J'irai m'installer dans les fossés, hors de la ville, et je ferai semblant de m'être étranglé avec un os. Veillez à ce que l'assemblée se tienne à l'endroit où je me trouverai. Là, dites à Renart que vous le jugerez quitte de toute accusation s'il proclame son innocence la patte posée sur ma dent. Je me charge du reste. Et je puis vous assurer qu'il n'aura jamais vu de relique qui morde aussi fort.

— Seulement, insiste le loup, je le connais. Il risque de se défiler au dernier moment.

— J'y veillerai. Je posterai des chiens de ma connaissance dans les parages. Croyez-moi, il ne s'en tirera pas aisément car ils seront au moins quarante. Allons, soyez tranquille, maître Isengrin. Il faudra que Renart soit vraiment très fort pour échapper et à la relique et aux chiens.

Sur ces mots, Isengrin le quitte fort content. Il a hâte d'être au lendemain, et de voir Renart déconfit. Du coup, il rameute lui-même le ban et l'arrière-ban de ses pairs, parents, amis et connaissances. Tous lui promettent d'être là pour le soutenir – comment pourraient-ils refuser ?

Et, de fait, le matin du dimanche, ils sont réunis en masse pour soutenir, assister à la prestation de serment du goupil. Outre les grands féaux de la cour, il y a là Fouineux le putois, Rousselet l'écureuil, madame More, la marmotte, Courte la taupe, Pelé le rat, le bien-nommé, et encore messires Tardif, l'escargot, et Couard le lièvre. Je nomme ceux-là pour ne pas avoir à citer les autres, qui sont vraiment en trop grand nombre.

Roonel qui guette Renart est présent aussi, gueule ouverte, tête baissée ; il fait le mort en ne bougeant ni pied ni patte tandis que sont placés en embuscade plus de cent chiens et chiennes de ses relations, tous ennemis patentés du goupil.

Renart arrive par la plaine. Il n'est pas venu de gaieté de cœur mais il n'a pas osé ignorer le commandement du roi. Il s'approche à petits pas, et on devine, à le voir faire, qu'il aimerait mieux se diriger d'un autre côté.

C'est Brichemer, le cerf à la voix profonde, qui ouvre la cérémonie.

— Renart, dit-il, vous devez vous disculper des accusations qu'Isengrin a portées contre vous. Pour ce faire, posez la patte sur la dent de saint Roonel aux babines pendantes et jurez que vous n'avez jamais causé de tort à votre opposant !

Renart, qui n'est pas né de la dernière pluie, comprend qu'il est tombé dans un guet-apens. Il voit que Roonel est vivant, et qu'il respire comme vous et moi. Au lieu de s'avancer vers lui, il se recule.

— Sire Renart, dit Brichemer en le voyant s'écarter, il faut placer la patte droite sur les dents de Roonel.

— Cela, je l'ai compris, répond Renart. Seulement je viens de voir quelque chose que vous, apparemment, ne voyez pas. Et comme je n'ai pas le temps de vous expliquer de quoi il s'agit, je préfère en rester là.

Aussitôt, Grimbert prend la défense de son parent.

— Messire Brichemer, comment voulez-vous que Renart puisse respirer alors qu'il est pressé de partout par la foule ? Permettez-lui au moins d'approcher du reliquaire sans avoir à jouer des coudes. Ce sera plus convenable et plus digne de cette occasion solennelle.

— Parbleu, vous avez raison, répond Brichemer.

Et aussitôt, il demande aux membres de la noble assemblée de s'écarter. Ils lui obéissent et s'éloignent un peu de Renart. Celui-ci ne laissera pas passer l'occasion. À peine sont-ils trop loin pour pouvoir le retenir, qu'il tourne les talons et s'enfuit aussi vite qu'il peut courir. Tête haute, il galope à en perdre haleine dans un chemin creux. Il entend que l'assemblée crie contre lui mais, pour le moment, il ne s'en soucie pas plus que d'une queue de cerise.

Seulement, les chiens qui étaient cachés se lancent ensemble à sa poursuite et, très vite, le serrent de près. En général, quand il se trouve en pareille situation, il s'en tire avec quelque ruse. Il est tellement malin et habile qu'il finit toujours par mettre ses poursuivants dans le vent. Mais cette fois, ils sont si nombreux que, malgré ses tours et ses efforts, il ne parvient pas à leur échapper. Il y en a toujours un pour venir lui couper la route quand il croit avoir pris le large, un autre pour l'empêcher de revenir sur ses pas et leur faire perdre la trace, un autre, encore, pour le retrouver alors qu'il a fait un grand saut pour se mettre à l'écart de la piste.

Il faut croire que sa chance l'a abandonné car, après un moment de poursuite, les chiens le rattrapent et font voler ses poils dans tous les sens. Le voici qui est mordu en plus de quatorze endroits, et tellement battu qu'il se trouve complètement pelé.

Au terme d'une rossée mémorable, Roonel et sa bande finissent par le tenir pour mort ; ils le jettent dans une douve asséchée de Maupertuis. Si Renart est encore en vie, ce sera par un vrai miracle !

Récit 13

Où il se vérifie que la situation de Renart devient sérieuse.

Renart, tout battu qu'il a été par les chiens, n'est pas mort. À force de soins, il s'est remis sur pied. De son côté, Isengrin a eu largement le temps de ruminer sa colère. En réalité, il n'est pas satisfait de la dérobade de son adversaire.

Après l'hiver, le printemps est revenu ; on approche de l'Ascension ; la rose et l'aubépine sont en fleur. C'est le moment que Noble choisit pour réunir sa cour en audience plénière. Les bêtes laissent leurs affaires en plan et, obéissant à son commandement, accourent. Toutes sauf Renart, ce mauvais larron.

Messire Isengrin est présent. Quand vient son tour de parler, il en profite pour renouveler sa plainte de façon solennelle :

— Très noble Sire, rendez-moi justice pour l'adultère que Renart a commis avec mon épouse, dame Hersent ! Il devait jurer sur les reliques pour se disculper mais, à la place, il s'est enfui. Cela prouve sa pleine culpabilité. Je demande réparation !

En le voyant ainsi en colère, le roi lui demande :

— Pourquoi reparlez-vous de cette affaire ? Vous ne tirerez aucun profit à rappeler une infortune que tout le monde a oubliée.

Mais Brun, l'ours, qui déteste le goupil, s'en mêle :

— Sire, en tant que souverain de cette terre, vous devez trancher définitivement cette querelle. Ce que vous déciderez, nous le tiendrons pour vrai, mais avant, il vous faut juger. Voyez, Renart n'a pas obéi à votre convocation, ce qui ne plaide pas en sa faveur. Si vous le souhaitez, j'irai jusqu'à son château et je le ramènerai pour qu'il paraisse devant la cour.

— À quoi bon s'en prendre à Renart, intervient alors Grimbert, le blaireau, alors qu'il n'est pas vraiment coupable ?

Il est le cousin germain du goupil et prend toujours sa défense.

— S'il a couché avec Hersent, poursuit-il, c'est parce qu'ils s'aimaient en secret depuis très longtemps. Jamais la louve ne se serait plainte que Renart lui a fait l'amour car elle y trouvait son compte. Seulement, Isengrin les a surpris alors qu'elle aurait voulu que leur liaison demeure secrète. En réalité, si la réputation de son mari est entachée, c'est elle qu'il faut blâmer !

En l'entendant, Hersent rougit, et ses poils se hérissent.

— Je ne suis en rien responsable comme je l'entends insinuer ! J'ai même déjà proposé, pour me disculper, de me soumettre au jugement de Dieu par le feu ou par l'eau bouillante. Mais hélas ! infortunée que je suis, personne ne me croit ! Pourtant, depuis le jour de mes noces avec Isengrin, jamais je n'ai livré mon corps à la luxure. Et, par la foi que je dois à sainte Marie, je n'ai rien fait en matière de mauvaise vie qu'une nonne n'aurait pu faire !

À peine a-t-elle fini que l'âne se réjouit :

— Ha ! Si au moins mon ânesse et les autres animaux pouvaient être aussi loyaux que dame

Hersent ! Pour ma part, je suis convaincu par sa défense et je jure qu'elle est innocente.

Même si ce discours en fait sourire plus d'un, l'assemblée des vassaux considère qu'il convient d'aller chercher Renart dans sa tanière et de le traiter sévèrement.

Seulement Noble est d'un autre avis :

— Je ne veux pas condamner Renart en me fondant sur des rumeurs ou des on-dit. Isengrin, vous l'accusez, soit ! Alors, acceptez que dame Hersent se soumette à l'ordalie ! Et si vous refusez, eh bien ! retirez votre plainte !

En l'entendant, Isengrin se trouve embarrassé. Sa jalousie est si forte et tenace que, au fond de lui-même, il n'est pas persuadé de l'innocence de son épouse. Il répond, en bafouillant un peu :

— Sire, si par aventure Hersent échoue, si elle est bouillie ou brûlée, tout le monde va se moquer de moi. Petites et grandes, les bêtes m'accableront en me criant « Hou ! les cornes ! Hou ! le cocu ! » Cela, je ne pourrai pas le supporter. J'aime mieux patienter encore un peu, jusqu'à ce que, l'occasion venue, je lui fasse payer la totalité de ses méfaits en une unique fois. La guerre que je lui ferai alors sera telle que ni ciel ni terre ne pourront l'en protéger.

— À ce compte, messire Isengrin, allez au diable ! Et pour ce qui est de combattre Renart, n'y comptez pas. La paix est déclarée et jurée, il n'est pas question que vous la rompiez pour une broutille ! Je vous l'assure, moi qui suis votre roi, celui qui enfreindra mes ordres passera un mauvais quart d'heure.

Il parle ainsi, et le loup s'en désole car il voit que sa vengeance lui échappe. Il est prêt à se retirer, dépité, quand un remue-ménage se fait entendre derrière lui.

C'est Chantecler qui arrive, accompagné de dame Pinte, qui pond de gros œufs, de Noire, Blanche et Roussette. Ils tirent une charrette bâchée derrière eux. Dessus est posé un cercueil où repose une poule morte. On voit qu'elle a été cruellement malmenée car elle a une aile arrachée et les cuisses brisées.

Pinte prend la parole en premier pour lancer sa plainte en ces termes :

— Par Dieu, nobles seigneurs qui êtes ici assemblés, réconfortez la malheureuse que je suis ! Car mieux vaudrait que je ne sois jamais née. Voyez-vous, j'avais cinq frères. Renart les a tous dévorés sans égard pour mon chagrin ! Hélas ! quelle perte douloureuse ce fut ! J'avais également cinq sœurs, de tendres et nobles poulettes. Le fermier les élevait pour avoir leurs œufs. Mais à quoi bon ? Renart – que le feu d'enfer le brûle ! – en avait déjà tué quatre, et aujourd'hui, c'est au tour de la dernière.

Ha ! chère et douce sœur, comment vais-je pouvoir vous survivre ? Vous étiez si bonne, si grasse, et vous gisez dans ce cercueil !

À ces mots, Pinte tombe évanouie sur le pavé. Ses trois compagnes l'imitent aussitôt. Les barons se lèvent précipitamment de leur banc pour leur porter assistance et leur lancer de l'eau sur la tête.

Dès qu'elles reprennent connaissance, les nobles poules se jettent aux pieds du roi qu'elles baignent de leurs larmes. De son côté, Chantecler, qui s'est agenouillé aussi, a le visage mouillé de pleurs.

À ce spectacle, Noble sent la colère monter en lui. Il voulait pardonner à Renart car il pense que les actes qu'on commet par amour ne sont pas des crimes. Seulement le dernier forfait du goupil l'a fait changer d'avis :

— Dame Pinte, répond-il, je m'associe à votre douleur et je ferai de mon mieux pour l'atténuer. Je vais convoquer Renart et vous pourrez voir de vos propres yeux combien la punition que je lui infligerai pour ses crimes sera exemplaire.

Le loup reprend derechef du poil de la bête :

— Sire, dit-il, c'est là une très sage décision que vous prenez. Le monde entier chantera vos louanges si vous rendez justice à Pinte et à sa parenté.

— C'est ce que je ferai, assurément, et quand il paraîtra devant moi, je jugerai Renart pour adultère, violation de serment et lèse-majesté. Mais pour l'heure, nous avons plus urgent à faire. Brun, passez votre étole et menez les prières pour le repos de l'âme de cette malheureuse. Quant à vous, Bruyant, allez creuser une tombe pour sa dépouille dans le champ voisin.

Alors commence l'office funèbre auquel les courtisans prennent part sous la direction du roi. Tardif, l'escargot, lit d'abord trois leçons de ténèbres puis Roonel chante des versets en alternance avec Brun et Brichemer. C'est ensuite l'enterrement proprement dit. Alors que, déjà, le petit jour se lève, on porte le corps de la poule en terre après l'avoir couché dans un splendide cercueil de plomb, le plus beau qu'on ait jamais vu.

Une fois qu'il est enfoui sous le gazon, on pose par-dessus une dalle. On peut y lire, joliment gravé :

« Sous ce triste marbre gît Coupée, la sœur de Pinte.

Renart, de ses dents, lui a fait subir le martyre. »

C'est pitié de voir Pinte pleurer et se frapper les paumes de désespoir. Pour sûr, lecteur, si tu l'avais vue sangloter, tu n'aurais pas pu t'empêcher, comme le reste de l'assemblée, d'en vouloir très fort à Renart.

Aussi, à peine les obsèques finies, les vassaux, d'une voix unie, demandent-ils à Noble de faire justice à Renart.

— Volontiers, répond le roi.

Et s'adressant à Brun, il lui dit :

— Allez trouver Renart pour lui signifier que je l'attends et que je n'admettrai aucune excuse s'il se dérobe. Allez-y sans inquiétude de ma part, vous n'avez rien à craindre de lui.

Messire Brun se met en route pour obéir à l'ordre du roi. À travers prés et guérets, il court l'amble, en direction de Maupertuis.

Or, tandis qu'il voyage de la sorte, surviennent deux événements qui ne seront pas bénéfiques au goupil.

Qar misire Coart li levres,
Que de poor pristrent les fevres,
(Dous jors les avoit ja oües)
Merci Deu, or les a perdues
Sor la tombe dame Copee.
Car quant ele fu enterree,
Onc ne se vout d'iloc partir,
S'eüst dormi sor le martir.

En effet, messire Couard, le lièvre, qui, de peur, a attrapé les fièvres (deux jours déjà qu'il les a), grâce à Dieu, elles lui passent sur la tombe de Coupée. Le fait est qu'une fois qu'elle a été mise en terre, il n'a pas voulu s'éloigner et a dormi sur la tombe de la martyre.

L'aspect miraculeux de cette guérison n'échappe à personne. En l'entendant raconter, Isengrin se couche à son tour sur la tombe, suivant le conseil de Roonel l'avisé. Il souffre d'un mal d'oreille. Sur l'instant, il se trouve guéri lui aussi.

Sa guérison pourrait passer pour un mensonge visant à aggraver le cas de Renart, car nul n'ignore combien il le hait. Seulement, il y a le témoignage de Roonel, que l'on sait digne de foi. Force est d'admettre un second miracle, personne ne peut en douter.

Du coup, Renart tombe de mal en pis : il lui en cuira comme jamais si on l'attrape. Ce qui, entre nous, n'est pas encore chose faite !

Récit 14

OÙ L'ON VOIT COMMENT RENART SE DÉBARRASSE DE BRUN ET DE TIBERT.

Brun est déjà arrivé à Maupertuis, au plein cœur de la forêt. Comme il est trop gros pour y pénétrer, il doit rester dehors, devant le pont-levis. Renart, qui s'est amplement muni de provisions, est au fond de sa tanière. Pour l'heure, il se repose, après avoir amplement déjeuné de deux cuisses de poulet. Voilà qu'il entend l'ours crier :

— Renart, venez ! C'est moi, Brun, qui viens de la part du roi.

Renart, qui l'a reconnu avant même qu'il se nomme, se demande déjà comment il va se défaire de lui.

— Messire, répond-il sur un ton cordial, que de peine vous vous êtes donnée pour venir jusqu'ici ! Figurez-vous que je m'apprêtais justement à partir pour répondre à la convocation de Noble !

— À la bonne heure ! se contente de répondre Brun qui ne sait pas que penser de cet accueil.

— Seulement, avant de me mettre en chemin, j'ai préféré me remplir l'estomac. Aussi ai-je mangé tout mon saoul de pois au lard et pour au moins deux deniers de rayons de miel frais !

— Notre Père et son fils Jésus ! s'exclame Brun, ce miel, d'où le teniez-vous ? Car je peux le confesser, il n'est rien au monde que j'aime plus. Accepteriez-vous de me conduire à l'endroit où vous l'avez trouvé ?

— Je le ferais très volontiers, si j'étais sûr de ne rien avoir à craindre de vous. Du reste, ce n'est pas très loin. Il suffirait d'aller jusqu'à l'orée du bois de Lanfroi, le forestier.

— Qu'avez vos dit, sire Renart ?
Mescreez me vos dont de rien ?
— Oïl. — De qoi ? — Ce sa ge bien :
De traïson, de felonnie.
Renart, or est ce dïablie,

Quant de tel chosse me desdites.
— Non faz : or en soiez toz quites,
Ne vos en port nul mal corage.
Vos avés droit, que par l'omaje
Que je fis Noble le lïon,
Onc vers vos n'oi entencïon
D'estre traïtres ne triceres,
Ne envers vos estre boiseres.

— Qu'avez-vous dit, messire Renart ? Redoutez-vous quelque chose de ma part ?

— Oui.

— Quoi donc ?

— Ça, je le sais bien : une trahison ou une félonie.

— Renart, vous êtes inspiré par le diable quand vous dites de telles choses sur moi.

— Ne vous en faites pas ! Je vous en tiens quitte et ne vous porte aucune animosité.

— Et vous avez raison, car, par l'hommage que j'ai prêté à Noble le lion, je n'ai jamais eu l'intention d'être trompeur ou tricheur envers vous ni, non plus, de vous prendre en traître !

— Je n'ai pas besoin d'en entendre plus pour vous faire confiance.

Sur quoi, sans rien dire d'autre, ils se mettent en route et ont tôt fait d'atteindre l'endroit dont Renart a parlé.

Lanfroi, le forestier, qui fait commerce de bois, a abattu un grand chêne et a commencé à le fendre ; il a enfoncé deux gros coins dans le tronc.

— Nous y voici, dit Renart, en désignant l'arbre couché au sol. La ruche est au fond de cette fente !

Aussitôt, Brun – qu'il est nigaud ! – se précipite. Il enfonce le museau et les pattes dans la fente, aussi profondément qu'il peut.

Renart l'encourage en se moquant :

— Hardi ! messire ! Hardi ! Vous y êtes presque ! Ouvrez donc plus grand la gueule, espèce de gros paresseux !

L'ours a beau redoubler de peine, pousser son museau au plus profond de la fente, tendre la langue, il ne trouve pas de miel pour la bonne raison qu'il n'y en a pas. Il n'y en a même jamais eu.

Pendant qu'il s'évertue de la sorte, Renart saisit les coins et, au prix d'un rude effort, les ôte. La tête de Brun et ses flancs se trouvent coincés dans le bois ; voilà l'ours en situation périlleuse.

Renart en profite pour se moquer encore un peu de lui :

— Brun, lui crie-t-il, je savais que vous alliez tout faire pour m'empêcher d'avoir ma part de miel !

J'avais raison de ne pas vous faire confiance car vous êtes un fieffé coquin de me refuser la part de butin que je mérite !

Tandis qu'il parle, Lanfroi revient. Aussitôt, Renart s'esquive.

Quand il voit l'ours coincé dans l'arbre qu'il a entrepris de fendre, Lanfroi repart en courant vers le village.

— À l'ours ! crie-t-il ! Haro ! venez ! Nous allons le prendre !

Il faut voir, à ce moment-là, comme tous arrivent à la hâte. Chacun a pris comme arme ce qu'il avait sous la main. L'un porte un gourdin, l'autre une hache, l'autre un fléau, l'autre un bâton piquant d'aubépine... Ils courent vers le bois en croyant qu'ils vont mettre l'ours au saloir.

Quand Brun les voit qui approchent, un grand frisson lui parcourt l'échine. Plutôt que de tomber entre leurs mains, il lui vaudra mieux, songe-t-il, abandonner sur place une partie de son museau.

Il tend ses muscles, tire de toutes ses forces. La peau se fend, les veines se rompent. Il continue pourtant de tirer aussi fort qu'il le peut. Au prix d'une douleur atroce, la peau se déchire et la tête s'arrache du piège. C'est pitié de voir le sang qui coule à flots de sa blessure. Il s'est tellement écorché qu'il ne lui reste plus ni poil ni peau sur le museau et le bout des pattes. Jamais on n'a vu une bête aussi laide !

C'est dans ce triste état qu'il s'enfuit à travers bois avec les paysans aux trousses. Car ils ne veulent pas le lâcher ! Le prêtre de la paroisse qui vient d'étendre son fumier lui assène un tel coup de fourche qu'il manque lui briser les reins. Puis c'est au tour du fabricant de peignes de le frapper avec une corne de bœuf. De peu s'en faut que Brun ait le dos cassé.

Pourtant, il continue de courir, malgré les coups qui le harcèlent comme des mouches. Quand il passe près de Maupertuis, ce triste sire de Renart ne peut pas s'empêcher de se moquer encore de lui.

— Hé ! messire Brun, lui crie-t-il, vous voilà bien avancé d'avoir mangé le miel de Lanfroi sans l'avoir partagé avec moi !

Brun l'entend mais la douleur l'empêche de répondre. Il continue droit devant lui et, à force, finit par semer ses poursuivants. Il est midi quand il rejoint la carrière où Noble a réuni sa cour.

À peine arrivé, Brun tombe évanoui sur le pavé. À le voir en si triste état, les vassaux sont stupéfaits. Il a la face tout écorchée, du sang lui coule de la tête, ses oreilles ont presque disparu.

— Qui vous a mis dans cet état ? demande Noble aussitôt qu'on a ranimé l'infortuné.

— Sire, c'est Renard, comme vous pouvez le voir !

En l'entendant, le lion se met dans une rage effroyable ! Il faut le voir rugir et s'arracher les poils de la crinière.

— Par le cœur de Dieu, mon ami, dit-il à Brun, je te vengerai si bien qu'on en parlera jusqu'en France ! Tibert, où êtes-vous ? Allez dire de ma part à Renart de se présenter devant ma cour pour y répondre de ses crimes. Et précisez qu'il lui est inutile de venir avec de l'or ou de l'argent pour payer une amende. Ce qu'il peut apporter, s'il le veut, c'est une corde pour le pendre !

Tibert aimerait éviter d'y aller mais on ne peut pas refuser un ordre royal. Aussi, à son tour, se met-il en devoir d'aller trouver Renart. Mais force est de dire que le cœur n'y est pas.

Tibert a chevauché si bien par monts et vallées qu'en peu de temps il est rendu devant Maupertuis, la forteresse de Renart. Une fois là, il n'ose pas entrer. Il craint le goupil et ses mauvais procédés. Aussi, se recommande-t-il à Dieu et à saint Léonard, qui fait libérer les prisonniers, avant d'appeler d'une voix forte :

— Renart, cher ami, êtes-vous là, dans votre forteresse ?

En s'entendant ainsi héler, Renart maugrée entre ses dents :

— Il se pourrait, Tibert, que tu sois entré sur mes terres pour ton malheur. En tout cas, je ferai de mon mieux pour qu'il en soit ainsi.

Puis, à haute voix, il ajoute :

— Tibert, *welcome* [1] ! Soyez le bienvenu comme si vous rentriez tout juste de Rome ou de Saint-Jacques-de-Compostelle !

Ces beaux discours ne coûtent rien au goupil, alors il ne s'en prive pas.

— Beau sire, répond Tibert, ne vous offusquez pas de ma requête car je viens ici de la part du roi. Personnellement, je n'ai rien contre vous mais Noble veut vous voir. Il est très remonté contre vous et vous comptez beaucoup d'ennemis à la cour !

— Bah ! ne vous souciez pas de cela. J'irai présenter ma défense et je répondrai à ceux qui m'accusent.

— Voilà qui est sage de votre part. C'est vraiment ce que vous devez faire. En attendant, n'auriez-vous pas un morceau à manger ? Ce long voyage m'a tellement ouvert l'appétit que je suis affamé.

1. Bienvenue, en anglais.

— C'est-à-dire, répond Renart le rusé, vous n'aimez plus les souris, je crois.

— Au contraire !

— Vous le dites par souci de ne pas me contrarier !

— Pas du tout ! Je mangerais très volontiers des souris. En fait, je n'en suis jamais rassasié.

— Alors je vais vous emmener dans un endroit de ma connaissance où il s'en trouve des quantités.

Les voici qui se mettent en route de conserve. Renart, qui prépare un mauvais coup, l'emmène dans un village qu'il connaît bien pour y avoir souvent dérobé des poules.

— Nous y sommes, dit-il en montrant une maison. C'est la demeure d'un prêtre. J'en suis un familier pour y avoir dérobé dix poules pas plus tard que la semaine dernière. On y garde quantité de froment et d'avoine. Seulement, vous n'imaginez pas les dégâts que les souris peuvent causer au grain ! Elles en ont déjà mangé un muid [1], au bas mot.

Tibert ne se doute de rien, surtout pas qu'il n'y a ni blé ni avoine ni même orge dans la demeure

1. Ancienne mesure de capacité servant à mesurer les liquides aussi bien que les solides mais avec des valeurs différentes. À Paris, pour les grains, le muid équivalait à 12 setiers de 12 boisseaux soit un peu moins de 2 m^3 (1 828 litres, plus précisément).

en question. Au village, en effet, chacun sait que la maîtresse du prêtre lui a mangé tout ce qu'il avait. Au point qu'il ne reste dans son logis ni bœuf ni vache ni mouton. À peine deux vieilles poules et un coq.

— L'entrée se fait par là, ajoute le goupil en désignant un gros trou dans la porte. Allez-y, je monte la garde en vous attendant.

Or, c'est précisément là que Martin, le fils du prêtre, a placé des collets contre Renart.

Tibert s'élance sans réfléchir. Très vite, il mesure sa folie car un lacet le prend par la gorge. Il a beau tenter de s'en défaire, se démener comme un beau diable, le fil le serre de plus en plus fort.

Le petit Martin s'éveille le premier au raffut qu'il mène.

— Père ! Mère ! Éveillez-vous ! crie-t-il. Allumez la bougie et venez à la porte. Ce maudit Renart est pris au collet.

En l'entendant, la mère accourt ; elle porte d'une main la bougie et sa quenouille de l'autre. Le prêtre arrive aussi ; il s'est armé d'une canne. Et sur le malheureux Tibert, les coups commencent à pleuvoir. Il en reçoit plus de cent, frappé qu'il est à bras raccourci par l'ecclésiastique et sa concubine. Il parvient pourtant à se libérer en rongeant le fil qui le retient et, au moment de s'enfuir, il porte au prêtre un maître coup de dent. Il l'a visé à l'entrejambe, soigneusement, et ne l'a pas raté. D'un seul coup, il lui arrache une de ses pendeloques.

Devant ce dommage irrémédiable, la femme, par trois fois, pousse un cri avant de tomber évanouie au quatrième. Son fils, qui voit sa mère pâmée sur le carreau, brame lui aussi sans songer à poursuivre Tibert qui s'en va par où il est venu.

Ah ! comme il aimerait trouver Renart pour lui faire payer sa traîtrise ! Mais l'autre ne l'a pas attendu. Dès qu'il a entendu des cris, le goupil a couru à sa tanière pour s'y terrer, à l'abri.

Tibert s'en veut de ne pas s'être méfié de lui. Comme s'il ne le connaissait pas ! La seule chose qui le console un peu, c'est de penser que le prêtre ne pourra plus jouer que d'une cloche.

Sur quoi, il ne lui reste plus qu'à s'en retourner piteusement auprès de Noble. Ce qu'il fait.

— Hélas, Sire, se plaint-il dès qu'il paraît devant le roi, Renart m'a joué un si vilain tour que j'ai failli y perdre la vie. J'en demande vengeance !

Alors Noble appelle Grimbert, le blaireau.

— Partez sur-le-champ, dit-il. Et gardez-vous de revenir sans lui !

— Sire, répond l'autre, c'est une rude mission que vous me confiez là. Je ne m'en irai pas sans une lettre de vous à Renart.

— Vous avez raison, répond Noble.

Et aussitôt il dicte une missive à Beaucent qui note soigneusement ce qu'il dit. Dès qu'il a fini d'écrire, le sanglier la revêt du sceau royal et la confie à messire Grimbert.

Sans plus attendre, celui-ci saute sur sa mule et prend au grand trot le chemin de Maupertuis.

Récit 15

Où l'on voit Renart se faire pèlerin.

Dès qu'il arrive à Maupertuis, la forteresse du goupil, Grimbert y pénètre par une porte basse. À la façon qu'il a d'avancer à petits pas, Renart ne tarde pas à le reconnaître. Pour lui, c'est un soulagement : il craignait d'être attaqué par un de ses nombreux ennemis. Or Grimbert, son cousin, a toujours pris son parti. Aussi l'accueille-t-il avec joie ; il l'invite à sa table et, pour le faire asseoir, glisse deux coussins sous son séant.

Le blaireau, qui n'est pas tombé de la dernière pluie, se remplit la panse avant d'évoquer la mission qui l'amène. Il redoute en effet qu'après l'avoir entendu parler l'humeur du goupil ne change du tout au tout.

Et de fait, aussitôt qu'il commence à lire la lettre de Noble, Renart se met à trembler. Le cœur lui bat fort sous la mamelle. Cette fois, il a vraiment peur car les menaces de Noble sont si précises qu'il ne sait pas comment il pourra en réchapper.

— Grimbert, dit-il d'une voix suppliante dès que l'autre finit sa lecture, donnez-moi un conseil. À quoi bon avoir vécu si c'est pour être pendu demain au bout d'une corde ?

— C'est que vous êtes allé trop loin, cher cousin. Vous êtes en passe de perdre et la vie et votre salut éternel. Pourtant...

— Pourtant ?

— Je pense à un subterfuge. Vous êtes en danger de mort et il n'y a pas de prêtre dans les parages. Aussi suis-je en droit d'entendre votre confession. Dites-moi vos péchés en détail, après quoi je vous en absoudrai.

— Je le veux bien, répond Renart, l'idée me semble bonne. Seulement, je vous préviens, la liste est longue. Rien que pour mes torts envers Isengrin, un jour entier suffirait à peine. Pour commencer, j'ai couché avec Hersent. *Mea culpa !* Je m'en repens ! Ensuite je lui ai joué tant de mauvais tours... Je l'ai abandonné dans un puits, tonsuré, fait pêcher dans de la glace, ce qui lui a coûté sa queue. Je lui ai volé ses jambons, je l'ai fait attaquer par des chiens... Mais restons-en là sur le chapitre du loup pour parler des autres bêtes. J'ai coincé le museau de Brun dans un tronc, j'ai fait prendre Tibert au lacet. Dans la famille de Pinte, je n'ai pas laissé de survivant à part elle...

Longtemps Renart énumère les forfaits qu'il a commis, le mal qu'il a fait aux bêtes grandes et petites. Dieu sait que l'inventaire est interminable ! Finalement, il s'arrête car la mémoire lui fait défaut. Sans doute qu'en cherchant encore, il trouverait d'autres fautes à confesser mais Grimbert trouve qu'il en a entendu assez.

— Vous en repentez-vous ? demande-t-il.

— *Mea culpa !* Je m'en repens, répond Renard. Ce furent péchés de jeunesse !

Alors Grimbert s'empresse de l'absoudre, moitié en français, moitié en latin. Après quoi Renart embrasse Hermeline et ses enfants puis se met en route au côté de Grimbert.

Ils chevauchent si vite par monts et vallées, les deux nobles barons, que les voici arrivés à la cour de Noble. Alors qu'ils entrent, les bêtes se préparent à affronter leur ennemi Renart, à l'accabler, à répondre à ses arguments. Il est en mauvaise posture car Isengrin aiguise ses dents.

Mais lui s'avance fièrement. Il n'a pas peur et entend défendre sa cause pied à pied. Dès qu'il se trouve devant Noble, tête levée, il commence sa plaidoirie :

— Roi, je t'ai toujours bien servi mais il suffit que je tourne le dos pour que tu écoutes mes ennemis et me condamnes injustement. De quoi m'accusent Brun et Tibert ? Si l'ours a mangé le miel de Lanfroi, le vilain l'en a puni. Pourquoi ne s'est-il pas défendu plus courageusement ? Pourquoi n'a-t-il pas tiré vengeance de ses ennemis ? Quant à Tibert, il s'est fait rouer de coups. Mais il s'était introduit en cachette chez un prêtre. Est-ce ma faute s'il s'est fait surprendre ? Pour ce qui est d'Isengrin, enfin, il n'a pas tort de prétendre que j'ai un faible pour Hersent mais, du moment qu'elle ne s'est jamais plainte de moi, que peut-il y trouver à redire ? En fait, c'est la jalousie qui le pousse à me vouloir du mal !

— Ha ! Renart, tu as la langue bien pendue mais c'est en vain que tu plaides ta cause. Tu perds ton temps ! N'attends rien d'autre que ce que tu mérites : une sentence implacable !

— Sire, intervient Grimbert, s'il se trouve quelqu'un pour se plaindre, laissez Renart se défendre. Ce sera bonne justice de lui donner la parole !

Grimbert n'a pas achevé ces mots que déjà les accusateurs se lèvent en grand nombre. Il y a, au premier chef, Isengrin, et Belin le mouton, Tibert, Brun, Roonel et messire Tiécelin. Se lèvent également dame Pinte, Chantecler, Épineux le hérisson, Frobert le grillon, Petitpas le paon, Blanchart le chevreau, Pelé le rat, Rousselet l'écureuil et messire Couard, le lièvre. Tous ont eu à se plaindre de Renart. Ils le conspuent et crient pour obtenir vengeance.

C'est un tel tumulte que Noble est obligé d'élever la voix pour se faire entendre quand il demande :

— Que vous en semble, messeigneurs, quel sort convient-il de réserver à Renart ?

— Sire, répliquent-ils en chœur, personne ne vous en voudra si vous le faites pendre.

Voici le goupil en grand danger.

Au sommet d'une colline, le roi fait dresser la potence. Ligoté, serré de près, poussé par l'un, tiré par l'autre, Renart est amené rudement jusqu'au pied du gibet. À la vue de ce qui l'attend, il sent une grande tristesse l'envahir. Il comprend qu'il est perdu s'il ne trouve pas vite une ruse extraordinaire.

Au moment où on va lui passer la corde au cou, il s'écrie :

— Noble roi, j'ai commis de très graves péchés dont je suis encore entaché. Je souhaite faire acte de repentir ! Permettez-moi de prendre la croix et d'aller outre-mer. Si je meurs là-bas, j'aurai assuré mon salut alors que si on me pend ici, mon âme sera perdue.

Sur ces mots, il se jette aux pieds de Noble qui se sent pris de compassion. En même temps, il hésite à accepter. Il sait d'expérience que, dans ce genre d'expéditions, ceux qui partent bons reviennent méchants. Pourtant, à la fin, il décide :

— Soit ! Prenez la croix et partez, j'y consens – mais à cette condition : restez là-bas et ne revenez pas !

En l'entendant, Renart ne se sent pas de joie mais il se garde de le montrer. Au contraire, pendant qu'on coud la croix sur sa pelisse, il affiche un air contrit, repentant et très humble.

Le voici devenu pèlerin, avec le bâton et la coquille. À pas mesurés, il s'éloigne par un chemin qui longe une haie.

Il n'est pas encore loin qu'il tombe sur messire Couard. Ne sachant pas trop comment les choses allaient tourner, le lièvre s'était caché là et se croyait à l'abri du danger. Aussitôt Renart le saisit par la patte. L'autre, qui n'en mène pas large, lui dit :

— Messire Renart, vous me voyez désolé des événements qui vous ont forcé à partir. Croyez que s'il n'avait tenu qu'à moi...

— Si c'est ainsi, répond le goupil, qu'en compensation de mes peines Dieu m'autorise à me restaurer avec vous.

— C'est que j'ai à faire, répond le lièvre en essayant de se libérer.

— Bah ! dit Renart. Avant ce soir, vous servirez de pâture à mes renardeaux !

Joignant le geste à la parole, il charge son malheureux prisonnier sur son dos, la tête en bas, et commence à gravir une colline escarpée. Bientôt, il peut voir la cour qui est assemblée en contrebas. Alors il arrache la croix et crie d'une voix forte :

— Sire Noble ! Reprenez donc vos oripeaux ! Je n'ai que faire de cette guenipe !

Et après s'en être essuyé le derrière, il la leur jette sur la tête avec, en prime, la coquille et le bâton.

Alors Noble s'exclame :

— Dieu ! j'ai été trahi ! Renart, l'infâme, s'est joué de moi. Mais il ne perd rien pour attendre.

Et s'adressant à ses barons :

— Seigneurs ! en avant ! Voyez-le là-bas qui s'enfuit. Par les yeux de Dieu, s'il vous échappe, je serai impitoyable avec vous !

Ils n'ont pas besoin de se le faire dire deux fois. Brûlant de reprendre Renart, ils s'élancent à sa poursuite. Mais lui a trop d'avance. Ils ont beau courir à en perdre haleine, il s'échappe. Bien vite, il rejoint Maupertuis, son château fort qui ne craint ni armée ni assaut ! Désormais, il ne se soucie plus de personne.

Récit 16

Où a lieu un duel judiciaire opposant Renart et Isengrin.

Depuis trois jours, monseigneur Noble a réuni sa cour en assemblée plénière. Les vassaux sont venus d'eux-mêmes, il n'a pas eu à les forcer, à part Renart. Lui, chaque fois, se fait tirer l'oreille. Il faut dire qu'il craint les accusations des autres barons qui ont, chacun, au moins une bonne raison de se plaindre de lui.

Comme le roi a invité ses hôtes à se divertir, ils ne sont pas silencieux. Au contraire ils chantent à voix haute et font de la musique en frappant des tambourins.

Or voici que paraît Renart ; Grimbert, son cousin, est allé le chercher à Maupertuis. Le goupil ne voulait pas le suivre mais l'autre a fini par l'en convaincre. « Entre deux maux, lui a-t-il dit, mieux vaut choisir le moindre. Plutôt que de risquer votre peau chaque fois que vous sortez de votre tanière, venez donc vous disculper une bonne fois devant le roi et les barons. »

Quand il entre dans la salle, les chants s'arrêtent, le silence devient impressionnant. Crânement, il fend la foule des vassaux et s'agenouille devant Noble. Tous les regards sont posés sur lui.

— Sire, dit-il, Dieu vous protège, vous et les vôtres !

Il aimerait mieux être loin mais il n'a pas eu le choix et fait contre mauvaise fortune bon cœur.

— Je ne te rends pas ton salut, méchant rouquin, car j'ai à me plaindre de toi ! réplique Noble sèchement. Tu n'as jamais rien fait de bon et tu as tellement exaspéré les barons que tous applaudiront quand je te ferai pendre !

— Sire, je suis votre dévoué vassal et, depuis tout le temps que je vous sers, je ne crois pas que vous ayez jamais eu à vous plaindre de moi, réplique Renart qui sait parler. Certains méchants, de vraies langues de vipère, ont dit du mal de moi, je le sais. Mais c'est par jalousie qu'ils se sont plaints, afin de me nuire à vos yeux. Pourtant, je leur ai toujours voulu du bien, jamais je ne leur ai fait de mal. Seulement, je vous ai si parfaitement servi – mon corps en porte la trace sous forme de nombreuses cicatrices – qu'ils sont envieux. Hélas ! je suis bien payé en retour pour mon zèle et ma fidélité puisque vous prêtez l'oreille à ceux qui me calomnient !

Sur quoi, il prend un air triste, baisse la tête et ne dit plus rien. Noble en reste perplexe. Il ne sait plus s'il doit croire Renart ou écouter plutôt ses adversaires. Ce que voyant, Isengrin se lève pour s'adresser à lui :

— J'ai tant à me plaindre de Renart, dit-il, que, même s'il mourait dix fois, ce ne serait pas assez pour en tirer vengeance équitablement !

— Je n'ai pas le moindre souvenir d'un dommage que j'aurais pu vous causer, cher compère, répond le goupil avec beaucoup de feinte sincérité. En réalité, c'est vous qui me faites du tort avec vos accusations. Vous me couvrez de honte injustement ! Et je suis disposé à le prouver les armes à la main, par un duel.

Aussitôt, le loup lui répond :

— Ahi Renart, trop ai sofert
Ton grant ennui, ton grant desroi.

Mes se j'en ai congié del roi,
Ja auras la bataille a l'oil.
Renars respont : « Rien tant ne voil. »
De bataille son gage tent
Ysengrins et li rois le prent,
Renan aprés le suen tendi
Si que li rois bien l'entendi.
Bien sevent li baron sanz dote
Que la bataille i afiert tote.
S'or ne set Renars escremir,
Mar vit la bataille arammir.

— Hélas ! Renart, j'ai trop supporté ta grande malveillance et tes méchancetés ! Mais si j'obtiens la permission du roi, tu vas tout de suite avoir droit au combat.

Renart répond :

— Il n'y a rien que je veuille autant !

Isengrin tend son gage pour le duel et le roi le prend. À son tour, Renart tend le sien – ainsi le roi comprend-il ses intentions. Les deux barons savent, désormais, sans que subsiste un doute, que le duel est décidé.

Si Renart ne sait pas se battre, c'est pour son malheur qu'il a voulu l'affrontement.

Le roi demande des otages, en souverain sage qu'il est. Isengrin livre Tibert, Brun, Chantecler et

Couard. Ce sont eux qui le représenteront. De son côté, Renart est parvenu à rallier à sa personne Grimbert, Beaucent, Épineux le hérisson, et messire Belin. La rencontre est fixée à quinzaine, sans possibilité d'obtenir le plus petit délai.

— Et maintenant, rentrez chez vous ! dit Noble à ses vassaux.

Ce qu'ils font après avoir fini de fixer les conditions du duel.

Renart n'est pas très fort mais il compte sur la ruse pour triompher ; il connaît toutes les astuces, toutes les feintes pour manier les armes. Il est tranquille car il est persuadé que, avant même que son adversaire l'ait touché, il lui aura mordu la cuisse ou l'aura fait trébucher dans la poussière.

De son côté, Isengrin n'est pas moins en paix. Lui compte sur d'autres arguments : il se sait dans son bon droit. Pas un seul instant il ne doute de sa victoire. Il est même très impatient d'en découdre avec le goupil.

C'est ainsi que passent les quinze jours fatidiques. Les deux adversaires ont rassemblé les meilleures armes qu'ils ont pu se procurer. Au matin du jour dit, ils s'équipent, chacun de son côté.

Isengrin revêt sa cotte de maille par-dessus une garniture de feutre. Il enfile les chausses qui sont cousues solidement. Son écu est vermeil, il porte un bâton taillé en bois de néflier.

Renart, lui, a un petit bouclier rond, de couleur jaune vif. Sa cotte et ses chausses sont rembourrées comme il se doit. Il maniera un bâton d'aubépine qui est équipé de courroies en cuir.

Les voici qui, tous deux, se présentent à la cour où les vassaux sont déjà rassemblés, impatients de voir la tournure que prendront les événements. Pour se moquer de son adversaire, Renart s'est rasé le crâne, la nuque et les joues. Il imite ainsi la tonsure à l'eau bouillante qu'il a infligée au loup. Mais ce dernier fait celui qui ne remarque rien, il est trop grand seigneur pour s'en soucier. Il éprouve seulement de l'impatience et voudrait pouvoir se jeter sur son ennemi sans plus attendre.

Quand Noble voit que les combattants sont prêts, il demande à Brichemer de prendre la direction du duel judiciaire. Il en sera le juge et l'arbitre. C'est une lourde responsabilité, aussi s'adjoint-il trois aides en la personne du léopard, de Beaucent et de messire Bruyant.

Ces quatre-là mènent Isengrin et Renart au milieu du champ clos puis on appelle Belin qui se présente aussitôt, porteur d'un très saint reliquaire.

— Seigneur Noble, dit alors le sénéchal Brichemer, si je ne me trompe pas dans la procédure, c'est d'abord à Renart de jurer sur les saintes reliques qu'il n'a jamais causé de tort à Isengrin ni à aucun des autres qui ont porté plainte contre lui.

— Qu'il jure ! répond alors le roi.

Renart s'agenouille, et tend la patte droite pour la poser sur la chasse recouverte d'or et de pierres fines.

— Par saint Germain, dit-il, je n'ai aucun tort dans ce procès. Je l'affirme solennellement.

Sur quoi, il se relève, guilleret et très à son aise.

Isengrin est furieux de constater à quel point son adversaire est capable de faire passer le faux pour le vrai.

— À votre tour de jurer que Renart vient de faire un faux serment, lui demande Brichemer.

— Je le jure ! dit le loup d'une voix forte après s'être mis à genoux lui aussi.

Sur quoi, il baise la chasse puis le sol devant lui. Il se remet sur pied et finit de s'équiper en s'attachant fermement le bâton à la patte droite. À l'abri derrière son écu, il le fait virevolter autour de lui avec beaucoup d'élégance. En même temps, il invite le goupil à engager le combat, s'il l'ose.

Renart ne lui répond rien. Il est entièrement occupé à s'armer, fait passer avec soin les courroies de l'écu autour de ses doigts, affermit le bâton dans sa patte. Lui aussi se trouve prêt mais il ne bouge pas. Il préfère attendre l'assaut du loup qui, du reste, ne tarde pas à s'élancer contre lui.

Isengrin porte un grand coup mais Renart, qui est habile et vif, l'esquive. En retour, il lance en avant son bâton et atteint le loup près de l'oreille. Il ne l'a pas manqué ; c'est un coup à lui secouer la cervelle. Isengrin tremble sur ses pattes et accuse le coup. Quand il voit qu'il a la tête en sang, il prie Dieu et la Vierge Marie de ne pas le laisser mourir.

Là-dessus, reprenant courage, il bondit à nouveau pour frapper. Son opposant, qui se tient sur ses gardes, esquive avec élégance et fait dévier le coup. Furieux, Isengrin jette au loin son bouclier pour saisir Renard à bras-le-corps. Il a tellement hâte d'en finir avec lui ! Seulement l'autre le voit venir et le frappe violemment au bras gauche ; le coup est si rude que les os se brisent. Voilà Isengrin qui ne peut plus se servir que de la main droite.

Cela ne l'empêche pas de poursuivre le combat avec beaucoup d'ardeur. Il tourne autour de son rival, cherchant sans répit à le prendre entre ses dents qu'il a bien aiguisées. Et sans doute viendrait-il à bout de Renart à force de le mordre et de le harceler si celui-ci ne lui jouait pas un tour dans sa manière. Sans crier gare, il lui fait un croc-en-jambe qui l'envoie rouler dans la poussière.

Le loup est tombé au sol, étalé de tout son long. Le goupil en profite, il lui lance de la terre dans les yeux, le pique de tous côtés, s'efforce de lui briser les dents avec le bout de son bâton. Isengrin se trouve en mauvaise posture.

C'est en voulant trop pousser son avantage que Renart commet une erreur. Alors qu'il cherche les yeux du loup pour les crever de ses mains, il lui glisse par mégarde un doigt dans la bouche. Quelle maladresse ! Isengrin n'hésite pas : d'un maître coup de dent, il le tranche jusqu'à l'os. Puis, profitant de ce que Renart s'écarte un peu sous l'effet de la douleur, il le saisit à pleins bras, l'enserre entre ses genoux et le fait rouler à terre où il l'écrase de tout son poids.

Cette fois, Renart, qui a fait un faux serment, va payer cher son parjure. Le loup, en effet, ne le lâchera plus tant qu'il sentira un souffle de vie en lui. Il semble que les aventures du goupil vont s'arrêter là.

Renart pousse un grand cri et ne bouge plus. Isengrin, qui le sent devenir inerte sous lui, relâche alors son étreinte. Il le mord, le prend dans sa gueule et le secoue. L'autre ne bouge ni pied ni patte ; il ne réagit pas plus que s'il était empaillé. Isengrin l'a battu avec tant de force et d'énergie qu'il paraît être passé de vie à trépas.

Le duel judiciaire s'achève là, par la défaite de Renart. Chez les barons, c'est un très grand soulagement de le voir se terminer ainsi. Ils entourent Isengrin, le congratulent et le réconfortent. Pendant qu'ils lui font fête, Noble ordonne que la dépouille du goupil soit pendue à la potence.

On s'empresse d'obéir à son ordre. Tibert lie les mains de Renart, Roonel lui passe un bandeau sur les yeux. Lui, n'en mène pas large. C'est une de ses feintes habituelles que de faire le mort. Seulement, cette fois, quand la corde lui serrera le cou, il ne s'agira pas seulement de faire semblant. Il se sait perdu et devrait demander miséricorde à Dieu.

Tandis qu'on s'apprête ainsi à pendre Renart, survient frère Bernard, l'abbé de Grandmont. C'est un moine plein de bonté et de compassion qui s'afflige de voir qu'on va l'exécuter.

— Sire, dit-il au roi, par amitié pour moi et pour l'amour de Dieu, donnez-moi le goupil. Faites-lui grâce et laissez-moi l'emmener.

Messire Noble, qui a beaucoup d'affection pour le saint moine, y consent. Renart pourra dire qu'il s'en est tiré de justesse. On lui ôte le bandeau et les liens avant de le remettre au religieux.

— Je compte le faire ordonner moine et le mener sur le chemin du repentir, dit frère Bernard qui l'installe devant lui sur sa mule. Il expiera ses péchés en sorte d'être sauvé le jour du Jugement dernier.

En attendant, à l'abbaye, Renart n'est guère long à se remettre de ses blessures. Bien soigné qu'il est par les religieux, et nourri de beaux poissons, il se trouve sur pied en moins de quinze jours. Et pour ce qui est de son entrée dans la vie dévote, les frères s'émerveillent de ses rapides progrès. Tout ce qu'on lui apprend, il le retient ; il se révèle plein de zèle, se rend volontiers à l'église, se conduit de façon fort pieuse, suit la règle avec scrupules et se comporte en bon moine. Vraiment, on n'a rien à lui reprocher...

... Jusqu'au jour où, se sentant redevenu fort, il prend la poudre d'escampette. Sans musarder en route, il s'en revient au logis où l'attend la fidèle Hermeline. Elle a souffert de son absence mais la voici consolée de ses chagrins car il est de retour. Les renardeaux aussi lui font fête, et lui les couvre de baisers et de caresses.

Maintenant qu'il est rentré à Maupertuis, il n'aura plus qu'une idée en tête : tirer vengeance de ses ennemis, et d'Isengrin au premier chef !

Récit 17

Où Renart se fait médecin.

C'est arrivé aux alentours de la Saint-Jean. Noble, alors qu'il se tenait paisiblement au milieu de sa cour, a pris mal. Il s'est aussitôt alité, pensant que la maladie ne durerait pas.

Voilà six mois, désormais, qu'il garde la chambre. De partout sont venus des médecins – depuis même les rivages lointains de la mer. Aucun, toutefois, n'est parvenu à le guérir. Son mal demeure un mystère pour tous.

C'est alors que Grimbert a une idée. Il sait que son cousin, Renart, est habile et savant. Pourquoi ne profiterait-il pas de l'occasion pour le réconcilier avec le roi ?

Aussitôt, il prend la route de Maupertuis et ne traîne pas en chemin. Il pénètre dans la forteresse, salue poliment ceux qui y sont puis, à Renart, il dit :

— Cousin, je suis venu vous parler d'une chose qui me tient à cœur. Noble est atteint d'un mal inconnu qui le fait gémir et se plaindre à longueur de journée. Il est si mal en point qu'il n'espère plus en réchapper. Si vous parveniez à le guérir, ce serait le moyen de rentrer en grâce. Il ne pourrait plus vous en vouloir ni écouter les plaintes de vos ennemis.

— Je trouve votre idée excellente, répond le goupil. Précédez-moi au palais, je vous y rejoindrai bientôt. Il me faut juste mettre le château en état de défense pour le temps où je serai absent.

Si bien que le lendemain, dès potron-minet, Renart se met en route pour aller chez le roi. Tout en cheminant, il implore Dieu et saint Martin de lui inspirer un remède capable de soigner Noble.

Le soir venu, il s'arrête près d'une haie pour dormir. Il a tellement marché qu'il en a mal aux pattes, il lui semble qu'il les a usées. En s'éveillant, le matin, il a la curiosité de passer la tête à travers la haie et que voit-il ? Un beau jardin planté de toutes sortes de plantes médicinales. Voilà qui fera son affaire !

Franchir la clôture, choisir les herbes les plus belles et les plus efficaces, c'est l'affaire d'un instant pour Renart qui s'y connaît comme nul autre. Il en remplit tout un petit seau puis va laver soigneusement sa cueillette dans l'eau limpide d'une source. Ensuite, il écrase les plantes entre deux pierres plates et en récupère le jus dans un tout petit baril qu'il remplit à ras bord.

Il ne lui reste plus qu'à gagner le palais royal, ce qu'il fait à la hâte. Une fois là, sans se soucier des menaces et des injures que lui lancent ses ennemis, il monte directement en haut de la tour où se trouve la chambre de Noble.

À ce moment-là, le roi a justement une terrible crise de migraine et force est de dire que sa douleur s'accroît encore à cause du mécontentement qu'il a de voir le goupil. Ce dernier, toutefois, feint de ne rien remarquer et, après l'avoir salué gracieusement, ajoute :

— Majesté, j'ai voyagé au-delà des mers jusqu'à Rome et jusqu'en Sicile pour en rapporter le remède qui vous guérira !

— Ne l'écoutez pas, Sire, s'exclame aussitôt Roonel. Il n'a jamais dépassé Mantes et veut faire le médecin alors que vous auriez dû le pendre depuis longtemps déjà.

— Comment oses-tu paraître devant moi, nain sans foi ni loi ? rugit le roi.

— Messire, écoutez-moi plutôt. Au cours d'incessants et lointains voyages, j'ai cherché une cure à votre maladie. Il se trouve que c'est à Salerne qu'un savant m'a indiqué le moyen de vous faire recouvrer la santé.

— Me dis-tu la vérité, au moins ?

— Sire, en passant par Rome j'ai confessé tous mes péchés et j'ai juré de me tenir dans le droit chemin. Je vous rendrai aussi bien portant qu'avant si vous suivez mes prescriptions.

— Parfait, Renart, occupe-toi de moi. Le mal dont je souffre m'ôte la vue et me met à la torture. J'ai la tête comme une bûche dans laquelle on enfonce un coin. Je la sens prête à éclater et crains fort de ne pas dépasser la Pentecôte !

— Vous êtes désormais entre de bonnes mains, réplique le goupil. Je vais faire tomber cette mauvaise fièvre qui vous tenaille. Mais pour cela, il faudra me faire apporter tout ce que je demanderai.

— N'aie aucune inquiétude, répond le roi dans sa hâte d'être soigné. Tu auras tout ce que tu demanderas.

— À ce compte, réplique Renart qui rit sous cape, il me faut, pour commencer, la peau d'un loup. Je la veux entière, y compris celle de la tête.

En l'entendant, Isengrin se sent saisi d'une grande inquiétude : il est le seul loup présent. Il comprend que Renart cherche à lui nuire et à se venger méchamment. Mais que faire ?

Noble regarde le loup et lui dit pensivement :

— Cher ami, vous pouvez grandement contribuer à me guérir. Vous n'allez pas me refuser cette marque de loyauté ?

— Sire, répond le loup, je suis votre vassal et je vous dois assistance, mais je n'ai que cette peau.

— Allons, messire Isengrin, reprend Renart, montrez-vous utile ! De plus, la belle saison arrive, en sorte que vous n'aurez pas froid même si vous êtes pelé à vif !

— C'est que ce n'est pas une si petite affaire, tente d'argumenter le loup.

Seulement Noble est en train de perdre patience.

— Saisissez-le, dit-il à ses barons, et écorchez-le sur-le-champ.

Les barons obéissent. Ils prennent le loup par le dos et par les membres et lui arrachent la peau, en commençant par celle du dos. Inutile de dire que c'est malgré lui qu'on le dépouille ainsi, et qu'il pousse de terribles cris car il endure le martyre. Quand ils ont fini, les autres le lâchent et il sort de la chambre comme il peut. Il a payé sa part, l'infortuné Isengrin.

— À présent, demande Renart qui est plus que jamais décidé à humilier ses ennemis, j'ai besoin d'une ceinture en peau de cerf. Il convient de la prendre sur le dos, à partir de la base des bois et tout le long de l'échine, jusqu'à la queue.

— Allez ! ordonne Noble aux barons en désignant le pauvre Brichemer de la patte.

Aussitôt, on le couche sur le côté, on lui incise la peau au couteau tout le long de la colonne vertébrale, on lui arrache une bande de cuir large comme deux fois la main. Brichemer souffre tellement de cette opération qu'il manque en perdre connaissance. Quand ils ont fini, il se relève en titubant et, à son tour, quitte la chambre.

— En plus, Votre Majesté, déclare ensuite Renart, pour réchauffer vos pieds, il vous faut une peau de chat.

Tous tournent la tête vers Tibert mais celui-ci, instruit par ce qui est arrivé à Isengrin et à Brichemer, est sur ses gardes. Il s'est rapproché de la porte et, au moment où on s'avance vers lui pour le saisir, il s'enfuit de toute la vitesse de ses pattes.

— Il ne perd rien pour attendre, maugrée Renart. Un jour ou l'autre il tombera entre mes mains.

Du coup, les barons commencent à s'entre-regarder avec inquiétude. Ils ne savent pas auquel il s'en prendra ensuite. C'est à Roonel qu'il s'adresse cette fois, mais seulement pour lui ordonner de faire un grand feu.

— Bien volontiers, répond le chien, très content de s'en tirer à si bon compte.

— Quant à vous, Grimbert et Belin, ajoute le goupil, transportez ici messire Noble et installez-le sur le ventre.

Puis, quand le roi est installé comme il l'a exigé, il lui dit :

— Je m'en vais vous guérir de votre mal. Encore un peu de patience !

Tout en parlant, il lui enfonce quantité d'ellébore dans les naseaux. C'est un remède très puissant. Il lui donne aussi un peu de la potion qu'il a préparée en venant.

Si le prist si a escaufer
Et il conmença a enfler.
A demener se conmença
Del cul un gros pet li vola,
Il esternue et se demeine.
Molt estoit li rois en grant peine,
Enflés fu, mes il esternue,
Et la pel du dos li tressue.
Ce dit Nobles : « Molt sui enflés. »
Et Renart dist : « Ne vos tamés,
Garris estes, n'i avés garde. »
Et cil de poire ne se tarde,

Car la poison le detreinnoit
Et les boiax ti escaufoit.

Aussi le roi se met-il à s'échauffer et à enfler. Il se met à se démener, un gros pet s'envole de son cul. Il éternue et s'agite.

Le roi est à la torture, il est tout enflé, il éternue, il a la peau du dos trempée de sueur.

— Je suis tout gonflé, dit Noble.

Renart répond :

— Ne craignez rien. Vous êtes guéri. N'ayez plus d'inquiétude.

Noble ne tarde pas à lâcher des pets car la potion le resserre et lui échauffe les boyaux.

Alors Renart le couche sur le côté pour l'envelopper dans la peau de loup qu'il attache en place avec la ceinture en peau de cerf. Puis il fait boire au malade le reste du jus de plantes qu'il a préparé. Peu à peu le roi sent ses douleurs qui s'estompent puis qui disparaissent complètement. Il n'a plus mal aux mains ni aux pieds ni dans aucun membre.

Au bout d'un moment, il peut se remettre debout. Il se sent guéri et remercie Renart avec chaleur.

— Je ne ressens plus aucune douleur, dit-il. Pour cela vous serez somptueusement récompensé. Je ferai la guerre à qui vous ferez la guerre et vous serez désormais mon principal conseiller.

— Sire, répond le goupil, si je vous ai rendu la santé c'est que Dieu le voulait ainsi. Merci à lui ! Pour ce qui est de ma récompense, je vous demande simplement de me laisser aller. J'ai hâte de retrouver ma dame, Hermeline, que je n'ai pas vue depuis des mois et des mois à cause de mes lointains voyages.

En parlant ainsi, il ment, mais il n'est pas à un mensonge près. Et ce faisant, il confirme ses propos du début.

— Je vous demanderai seulement une chose, reprend-il. Brichemer et Isengrin ne manquent pas de me haïr bien que je ne leur aie rien fait. À l'heure qu'il est, ils sont certainement occupés à réunir des hommes d'armes pour me faire un mauvais sort quand je sortirai du palais. Donnez-moi une escorte pour me défendre de leur félonie.

— Très volontiers, lui répond Noble.

Il ordonne alors d'équiper cent chevaliers qui raccompagnent Renart jusqu'au pont-levis de sa forteresse. Une fois qu'il est dedans sa tanière, il ne craint plus personne.

Hermeline l'accueille tendrement. Elle lui passe les bras autour du cou et le cajole. Lui est tout heureux de raconter comment il a reconquis la faveur du roi et tiré vengeance du loup et du cerf par la même occasion. Elle rit beaucoup de l'entendre.

Après cette aventure, Renart restera sûrement un bon moment sans sortir de chez lui. Pourquoi irait-il courir le risque de faire une mauvaise rencontre ?

Récit 18

Où il est question de Brun et du vilain Liétard.

Un prêtre de la Croix-en-Brie – que Dieu le garde longtemps en vie ! – a mis son talent à faire une nouvelle branche de Renart qui en sait si long dans l'art de tromper son monde.

Un matin, alors que le jour n'est pas levé depuis très longtemps, un riche paysan nommé Liétard vient labourer son essart [1] à l'orée des bois. Pour ce

1. Terre fraîchement déboisée qu'on s'apprête à mettre en culture.

travail difficile, il a attelé tous ses bœufs. Il en a huit, on n'en trouve pas d'aussi bons dans tout le pays. Le meilleur du lot s'appelle Rogel. Seulement Liétard, qui n'est guère accommodant, l'a trop fait travailler. Rogel est épuisé, vraiment à bout de force. Liétard s'impatiente, l'aiguillonne, s'emporte et, finalement, s'adresse à lui en ces termes :

— Tu n'es plus bon à rien, vieille carne ! Tu es fatigué dès le matin ! Puisse le grand ours t'emporter avant ce soir ! S'il se présente, je te donnerai à lui, pour qu'il te dévore !

Or il se fait que Brun, l'ours, se trouve non loin de là, à la lisière du bois. Il entend ce que dit le paysan, et s'en trouve très content.

« C'est mon jour de chance, se dit-il. Je vais manger un bœuf tout entier à moi seul ; ce paysan puant peut en être sûr, je le forcerai à tenir parole. Une promesse est une promesse : je saurai me faire livrer mon dû. »

Sur quoi il sort des fourrés et s'avance à grands pas vers le vilain qui, en le voyant approcher, n'en mène pas large.

— Dieu te garde, ami Liétard ! lance-t-il d'une voix forte dès qu'il est près de la charrue. Délie Rogel sans perdre de temps puisque tu as promis de me le donner ! Et mets-toi dans la tête que si tu ne te dépêches pas, je t'abats raide d'un coup de patte !

Que ferais-tu, lecteur, à la place de Liétard ? Je parie que, comme lui, tu comprendrais qu'il n'y a rien à gagner en résistant.

Aussi le paysan arrête-t-il son attelage. Il salue l'ours bien bas et lui répond, des larmes plein les yeux :

— Hélas, messire, si vous prenez le bœuf maintenant, vous me condamnez à une journée entière d'inactivité car les sept autres ne sont pas assez forts pour faire le travail sans lui. Je vous en supplie, prêtez-le-moi jusqu'à demain ! Je vous le rendrai dès que poindra le jour, je le jure sur ce que j'ai de plus cher !

Brun n'est pas vraiment convaincu. Il sait ce que vaut la parole des paysans, eux qui ont l'habitude de ne jamais tenir leurs promesses.

— Je crains, pour t'avoir rendu service, d'être payé en retour par une traîtrise.

— Jamais je ne trahirais un serment, Dieu m'en est témoin ! réplique Liétard. Dès le petit matin, je vous le rends !

Brun se laisse convaincre : « Il sera aussi délicieux à croquer demain qu'aujourd'hui », songe-t-il. Sur quoi il s'en retourne à ses affaires.

De son côté, Liétard ne se remet pas à l'ouvrage. Il est tellement contrarié qu'il n'a pas le cœur à travailler.

— Pauvre de moi, dit-il, j'ai causé mon propre malheur ! Maudite soit ma bouche ! Pourquoi ne me suis-je pas tu ? Demain, mon pauvre Rogel, tu serviras de déjeuner à l'ours et cela me coûtera fort cher !

Il se désole ainsi à voix haute quand Renart vient à passer dans les parages. Voyant le paysan debout, les bras ballants et les yeux humides de larmes, il s'étonne et lui demande :

— Dieu te protège, vilain ! Qu'est-ce qui te chagrine si fort ?

— Ce matin, j'ai dit à Rogel que j'allais le donner à l'ours pour qu'il le mange. C'était sous le coup de la colère parce que cette terre est dure à labourer et que je trouvais qu'il ne tirait pas assez fort !

— Et ? insiste Renart.

— J'aurais mieux fait de me mordre la langue, plutôt. L'ours m'a entendu et, à présent, il veut le bœuf au motif que je le lui ai promis ! Et moi, je suis désespéré car je n'en trouverai jamais un autre qui le vaille.

En l'entendant, Renart se met à rire. Puis il demande :

— Si je te tire de ce mauvais pas, que me donneras-tu ?

— Tout ce que vous voudrez, messire !

— Ton coq blanc, que j'ai vu hier dans ta cour, je le veux. À sa place, tu gardes Rogel. Tu ne perds pas au change.

— Si vous sauvez mon bœuf, je vous donnerai dix jeunes poulets en prime ! Mais que me faut-il faire ?

— Écoute avec attention. Demain matin, juste après l'heure de la messe, l'ours viendra réclamer son dû. Toi, en prenant soin de les cacher sous tes habits, apporte une hache emmanchée de neuf ainsi qu'un couteau tranchant. Dès qu'il sera arrivé, je sonnerai du cor de chasse et, en alternance, je pousserai de grands cris. J'en ferai retentir les bois et les taillis de telle sorte que Brun te demandera ce qu'il se passe. Tu répondras alors que le comte Thibaud est en quête de gros gibier pour fêter la Pentecôte qui approche. Tu ajouteras que tous ses gens vont passer les environs au peigne fin et ne feront grâce à aucune bête.

— C'est entendu, messire, je le lui dirai très exactement.

— À ce moment-là, poursuit Renart, tu verras notre ours s'alarmer. Il te demandera de l'aider à se cacher dans la terre que tu as fraîchement remuée pour passer inaperçu. Évidemment, tu accepteras.

Quant bien le verras estendu
Et un poi auras atendu,
Ne sembler mie coart ome,
De la coignie tost l'asome !
Fier et refier, done et redone

Tant qu'il ait vermeile corone,
Et le cotel de bone fourje
Li bote par desos la gorge !
Lors le fai durement seigner,
Meus vaudra la char a manger.
De nuit l'en menras au repost,
Que damage i auroies tost
Se li cuens le pooit savoir,
Il te toudroit tot ton avoir,
Il te feroit espoir defaire.

Quand tu le verras bien allongé, après avoir un peu attendu, ne te montre pas peureux : tu l'assommes avec ta hache au plus vite. Frappe et refrappe, donne-lui des coups et des coups jusqu'à ce qu'il ait une couronne vermeille. Alors, prends le couteau de bonne forge et passe-le-lui sous la gorge. Fais-le abondamment saigner, la viande n'en vaudra que mieux à manger. De nuit tu l'emmèneras au logis car tu aurais vite des ennuis si le comte venait à le savoir ; il te prendrait tout ce que tu as et te ferait peut-être tuer.

— De l'ours tu tireras de beaux morceaux pour le saloir, et avec sa peau, tu feras de très bonnes attaches pour tes fléaux.

Le paysan se sent réconforté de s'entendre conseiller de la sorte. Il s'en retourne chez lui tout joyeux après avoir recommandé Renart à Dieu. M'est avis que l'ours a du souci à se faire !

Le lendemain, dès que point le jour, Liétard se lève. Il prend un couteau aiguisé et une cognée avec un manche solide qu'il cache sous son manteau. Puis il gagne son essart avec ses bœufs, les attache à la charrue et se met en devoir de labourer comme si de rien n'était.

Il n'a pas beaucoup avancé dans son travail quand paraît Brun.

— Hypocrite ! Sale discutailleur ! dit-il d'emblée, il n'était pas du tout convenu que tu attellerais Rogel. Détache-le et donne-le-moi !

Liétard joue celui qui a peur.

— Messire, répond-il, je vais le faire à l'instant !

De son côté, Renart a assisté à toute la scène. Il se tient caché dans des fourrés, non loin de là. Il porte un grand cor à sa bouche et en tire des sons si puissants que toute la forêt en résonne. Aussitôt après, il se met à crier à la façon d'un veneur quand il chasse et qu'il rameute ses chiens. Quel bruit dans les bois ! On croirait vraiment qu'une chasse s'y déroule.

Effrayé, Brun tend l'oreille. Il interroge Liétard.

— Que se passe-t-il ? Dis-le-moi, je t'en prie.

— C'est monsieur le comte Thibaud qui chasse. Il veut du gros gibier pour la Pentecôte. Il compte en remplir son charnier parce qu'il aura des invités.

Lui et sa suite passent tous les bois au peigne fin. Toutes les bêtes qu'il trouvera finiront dans son saloir.

Voilà qui ne fait pas du tout les affaires de Brun. Tout tremblant, il demande :

— L'ami, laisse-moi me cacher dans ton sillon et recouvre-moi de terre. En échange, je renonce à Rogel.

Le marché est vite conclu et voilà l'ours couché par terre. Liétard, qui le recouvre, lui conseille :

— Messire Brun, fermez les yeux, que je ne vous mette pas de terre dedans.

L'ours obéit. Aussitôt, le vilain lève très haut sa hache pour viser juste et lui assène un coup terrible, puis un second, qui lui fend le crâne et en fait jaillir le sang. Dorénavant, le paysan n'a plus peur du tout. À l'aide de son couteau, il tranche le cou de l'ours et lui perce la poitrine jusqu'au cœur. Après quoi, avec beaucoup de peine car l'ours est très lourd, il le tire un peu à l'écart et le cache dans un épais fourré. Pour rien au monde il ne voudrait qu'un de ses voisins sache qu'il va avoir de la viande dans son saloir !

La même nuit, longtemps avant qu'il fasse jour, il revient sur place avec sa femme, Brunmatin, et, à eux deux, chargent la dépouille dans une charrette. Une fois qu'ils l'ont apportée chez eux, ils lui ôtent la peau, la découpent proprement en morceaux qu'ils mettent sans tarder au sel. Quand le jour se lève, il ne reste aucune trace de l'opération car Brunmatin a tout nettoyé avec beaucoup de soin.

De son côté, Renart sort de chez lui pour se rendre tout droit chez Liétard. Il sait que sa ruse a réussi et vient en chercher le paiement. Déjà, il se pourlèche les babines en songeant à Blanchard, le coq, qui est gros et gras.

— Dieu te garde, Liétard, dit-il en arrivant chez le paysan. Je viens chercher ton coq que tu m'as promis.

— Ha ! messire, vous vous êtes donné du mal pour pas grand-chose, répond le vilain. Blanchard ne vaut pas un clou. Il est maigre et dur, ce qui n'est pas étonnant vu son grand âge. Si j'avais des gélines ou quelques jeunes oies, je vous les donnerais car elles seraient dignes de vous. Malheureusement je n'en ai pas. Cela dit, si vous y tenez absolument, je peux mettre le coq à l'engrais. Dans trois ou quatre semaines, il sera déjà plus présentable. Revenez à ce moment-là.

Renart comprend que c'est une manœuvre pour ne pas lui donner son dû.

— Espèce de faux-jeton ! s'écrie-t-il. Si tu penses me berner aussi aisément, je vais te le faire regretter ! Tu paieras cher ta traîtrise !

Alors Liétard tourne la tête en direction de sa grange.

— Holà, Robelet ! crie-t-il à son valet qui se tient là, tout prêt. Détache-les !

L'instant d'après, trois gros chiens que Robelet gardait en laisse se précipitent vers l'endroit où se tient le goupil. Dans l'attente de sa venue, Liétard les avait cachés dans la grange, Renard ne pouvait pas les voir.

— Je n'attendais pas une telle fourberie de ta part ! dit-il en s'apprêtant à décamper.

— Tu as trompé tellement de monde que c'est bien à ton tour cette fois. À trompeur, trompeur et demi. Va-t'en, et surtout ne gaspille pas ton souffle à me répondre !

Renart sort en courant de la ferme, les chiens sur ses talons. À force de galoper, cependant il rejoint son château et s'y réfugie. Il est sain et sauf mais regrette amèrement son déjeuner.

Récit 19

Où sont relatées la mort et les funérailles de Renart.

Le mois de mai s'achève. L'été s'annonce. Sur les arbres se forment les fruits tandis que, dans le bois, chantent clair le loriot et le perroquet.

Renart est dans sa tanière, fort réjoui du retour du beau temps car, pour lui, l'hiver a été rude. Voilà que sans dire au revoir à personne de la maisonnée, il sort et décide de se mettre en chasse. Il court dans la lande, longe les haies, trotte de bon cœur – il n'a pas de jambe de bois !

Il ne fait pas un long chemin avant de tomber sur Couard.

— Bonjour, cousin ! le salue-t-il.

Et, après que l'autre lui a rendu son salut, il ajoute :

— Où allez-vous de ce pas ?

— À la cour ! Ignorez-vous que Noble a réuni ses vassaux et que, à cette heure, tous ont déjà répondu à sa convocation ?

— Je l'ignorais totalement, répond Renart. Je vis isolé et ne vois personne. Mais puisque je le sais désormais, je vous accompagne.

— Volontiers, répond le lièvre. Nous cheminerons de conserve.

Il ne leur faut pas très longtemps avant d'arriver à la cour où sont assemblés les barons. Le roi reçoit Renart avec chaleur. Il l'aime beaucoup depuis qu'il l'a guéri de ses fièvres.

— Sachez, dit-il, que je me réjouis grandement de vous voir de nouveau présent à ma cour !

Renart s'incline poliment et répond :

— Sire, je suis votre fidèle vassal !

Sur quoi, le roi fait apporter des tables. Il installe le goupil près de lui tandis qu'on sert un grand banquet qui se prolonge jusqu'au soir.

Une fois repus, dans un coin de la salle, Renart s'installe avec Isengrin de part et d'autre d'un échiquier. Les deux sont complètement réconciliés. Le loup propose :

— Beau neveu, voulez-vous jouer ? Voici un marc d'or fin que je mise. À vous d'en faire autant.

Renart dépose son gage près de l'échiquier et la partie commence. Tous deux sont silencieux et concentrés. Longtemps, ils se mesurent. La nuit est tombée depuis plusieurs heures qu'ils jouent encore. Isengrin est expert pour déplacer les pièces. Il a déjà gagné à son opposant plus de cent livres en or.

Et soudain – est-ce parce que cette perte l'affecte ? – Renart sent sa vision qui se brouille. Il a du mal à respirer et, sans crier gare, retombe dans son fauteuil. Il ne bouge plus, près qu'il est de perdre connaissance.

Aussitôt la lionne, Fière, qui l'aime beaucoup, ordonne qu'on le porte dans une chambre où elle lui prodigue des soins. Mais elle a beau le faire baigner et saigner, Renart ne s'en trouve pas mieux. C'est à peine s'il peut parler, d'une voix très faible, entre deux évanouissements.

— Hélas, dit-il, cette fois c'en est fini de moi !

— Mieux vaudrait confesser vos péchés, lui suggère-t-on.

Aussitôt messire Bernard, l'âne, s'avance. Il a revêtu son étole d'archiprêtre pour écouter la confession du mourant.

— Tu t'es rendu coupable de très nombreuses fautes, dit-il. Jures-tu de renoncer au péché ?

— Je veux bien y renoncer afin de me trouver en état de repentir. Si d'aventure je me remets de mon mal, c'est avec plaisir que je romprai ce serment ! Mais, en attendant, je jure ! Je jure !

Du moment que Renart a prêté serment Bernard lui donne l'absolution. Peu après, Renart tombe en pâmoison. Le roi, qu'on a prévenu, arrive pour le voir. Il le trouve allongé sur un lit sans donner signe de vie, et se désole amèrement :

— Hélas, Renart, je viens de vous perdre ! Jamais plus je n'aurai baron qui vous vaille pour l'astuce et la vaillance !

Sur quoi il ordonne qu'on fasse prévenir la famille du goupil et qu'on procède à ses funérailles. Pendant que l'archiprêtre, messire Bernard, s'empresse de sonner les cloches, tout le monde s'apprête pour la cérémonie. On porte la dépouille de Renart dans l'église où on la dépose par terre, devant l'autel. Six des plus puissants barons ont revêtu les habits ecclésiastiques pour honorer la mémoire du goupil. Force est de dire qu'ils ne l'aimaient guère mais ils ne veulent surtout pas déplaire à Noble, aussi font-ils bonne figure. Au contraire, assises au premier rang, mesdames Fière, Hermeline et Hersent poussent de grandes lamentations et manifestent une vraie douleur.

Messire Bernard, très ému, prend la parole :

— Mes chers seigneurs, nous sommes tous frappés d'étonnement. Pas plus tard que ce matin, le noble baron qui gît devant nous était encore en vie. Et puis une nouvelle incroyable a parcouru le palais : Renart se meurt, Renart est mort ! Ceux qui préparent en permanence bassesses et vengeances devraient réfléchir à cet événement : il n'est pas de murailles, pas de fossé, pas de donjon qui les mettent à l'abri du trépas. Pour entrer chez eux, la pâle Mort pousse du même pied la porte du riche et celle du pauvre, celle du puissant et celle du faible !

Renart, dont la vie vient de se terminer, a mené une existence de martyr et d'apôtre. Ah ! si seulement nous suivions son exemple ! Si nous marchions comme lui sur la voie du repentir ! Hélas, Renart, vous ne vous glisserez plus dans aucun trou ! Vous n'étiez jamais paresseux pour capturer chapons et gélines mais vos exploits passés ne vous serviront plus à rien ! Ni non plus les bonnes actions auxquelles vous venez de renoncer malgré vous !

Sur quoi, il entonne le confiteor avant que Brichemer ne lise l'épître puis Ferrant, le cheval de trait, l'Évangile.

Une fois la messe entièrement chantée, messire Noble ordonnance la procession jusqu'à la tombe qu'on a creusée dans la prairie, sous un arbre.

— Chantecler, vous prendrez l'encensoir et vous, messires Brichemer et Belin, porterez la bière. Isengrin se chargera de la croix, Roonel frappera le tambour et Ferrant jouera de la harpe pendant que Couard, Tibert et Hubert le milan, porteront des cierges allumés. Bernard, enfin, procédera à l'inhumation. Nul ne peut le faire mieux que lui !

Il dit et les autres obéissent. La procession descend dans le pré puis s'arrête au bord de la fosse. Là, Brichemer prend le corps de Renart par la tête, Belin le prend par les pieds et ils le déposent doucement au fond de la tombe. L'archiprêtre s'empresse de lancer dessus de l'eau bénite puis il fait signe à Bruyant qu'il peut recouvrir de terre la dépouille du goupil.

Au même instant, Renart rouvre les yeux et se demande avec terreur ce qu'il lui arrive. Son évanouissement a été si long qu'il n'a pas encore les idées claires. Pourtant, il comprend qu'il ne peut pas rester où il est sinon il risque d'être enterré vivant. Alors il rassemble ses forces, bondit hors du trou et, au passage, saisit par le cou Chantecler qui se penchait pour le voir couché dans la tombe.

Malgré les cris de stupeur et de colère qu'il entend derrière lui, Renart file de toute la vitesse de ses pattes, en emportant Chantecler. De son côté, Noble manque s'étrangler de colère :

— Renart, fils de garce ! Tu t'es encore moqué de moi ! crie-t-il. Mais tu ne perds rien pour attendre. Et vous, barons, courez après lui ! Celui qui attrapera ce malfaiteur aura droit à ma gratitude !

Aussitôt, toute la troupe des vassaux se lance à sa poursuite. Lui ne les attend pas mais, dans la fuite, alors qu'il croit les avoir semés, la malchance fait qu'il tombe sur un vilain avec un chien.

— Un goupil ! s'écrie l'homme.

Et de lâcher son molosse qui se met sur la trace du fuyard. Voilà Renart embarrassé. S'il libère le coq, il n'aura rien pour dîner, pourtant il a faim car il n'a pas mangé depuis la veille. S'il ne le laisse pas s'en aller, le chien l'attrapera et il en ira de sa peau. Il faut qu'il choisisse entre la vie de sa proie et la sienne.

Si tu te trouvais en semblable situation, lecteur, je parie que tu ferais comme le goupil : tu choisirais ton salut.

De fait, il ouvre la gueule en grand pour permettre à Chantecler de s'envoler. Mais il n'est pas sauf pour autant car le chien ne veut pas renoncer. Redoublant de vitesse, il parvient à saisir par la queue celui qu'il poursuivait. Il a les dents aiguisées et, à coup sûr, il va le mettre en pièces.

Heureusement, sur ces entrefaites arrive Tardif qui saisit Renart par un pan de sa pelisse. Comme le chien ne veut rien lâcher, la lutte pour la possession du prisonnier est rude. Cependant, la troupe des vassaux vient les entourer ; le chien décampe. Renart est sauvé mais ce n'est qu'un sursis car il se trouve ligoté et emmené en vitesse au palais où Noble attend.

Chantecler a suivi la troupe des vassaux. À peine sont-ils arrivés devant le roi qu'il réclame réparation des grandes violences que Renart lui a infligées. Le lion est tout à fait enclin à l'entendre et lui donner raison : il est terriblement en colère contre Renart.

— Je le ferai écorcher vif ! lui répond-il. Ainsi vous serez justement vengé.

— Sire, intervient alors Renart, dans aucun pays on ne condamne les gens sans avoir écouté leur défense. Permettez-moi d'exposer la mienne : si je m'en suis pris à Chantecler, c'est parce qu'il avait manigancé de me faire enterrer vivant. C'est par légitime vengeance que je m'en suis pris à lui.

— Renart, réplique Chantecler, vous mentez, je le jure sur les restes de sainte Coupée. Aussi vrai que ce maudit l'a assassinée, je n'ai rien à me reprocher.

— Traître, vous mentez ! s'écrie Renart. Avant la nuit, je vous l'aurai fait avouer, les armes à la main.

— Je vous en prie, Sire, dit Chantecler, accordez-moi ce duel !

— J'y consens, réplique le roi. Mais sachez l'un et l'autre que le vaincu sera mis à mort. Il n'y aura pas de rémission.

— C'est entendu, dit Chantecler, qui est très sûr de son bon droit.

Renart accepte lui aussi. Comment pourrait-il faire autrement ? Sans plus tarder, on met les combattants face à face. Renart, qui attaque le premier, s'élance sur son opposant en lui portant des coups de patte. Mais Chantecler réplique à coups de bec. Il vise si bien qu'il l'entaille profondément au front. Le sang clair coule, jaillit en abondance et ruisselle jusqu'au sol ; il aveugle Renart qui n'y voit plus clair. Mais il n'abandonne pas ; il s'essuie du revers de la main, repart à l'assaut et frappe durement le coq à la hanche d'un revers de patte. La chair blanche est meurtrie sous les plumes et le sang coule.

Sans prendre garde à sa douleur, Chantecler redouble d'efforts. Il se juche sur le dos du goupil, lui perce la peau de ses éperons, lui martèle le crâne à coups de bec, frappe si fort qu'il lui arrache l'oreille droite et lui crève l'œil gauche.

— Ça tourne mal pour vous, Renart ! dit-il. Vous ne vous en tirerez pas vivant. Quand ce duel sera terminé, vous n'aurez même plus besoin d'un médecin !

Là-dessus, Renart tombe au sol et ne bouge plus. Le coq continue de frapper, de pincer, le goupil ne fait pas le plus petit mouvement. Sans aucun doute, il a rendu l'âme.

C'est du moins ce que pensent son adversaire et tous ceux qui ont assisté au combat. Ils quittent les abords du champ clos, laissant Renart couché au sol, la gueule ouverte.

« S'il n'est pas mort, pensent-ils tous, il n'en vaut guère mieux. Ce n'est qu'une question de temps pour qu'il remette son âme ! »

Et tous s'en retournent vers les tentes plantées dans la prairie.

Un peu plus tard, Hermeline vient chercher la dépouille de son époux. Aidée par Grimbert et les renardeaux, elle l'emporte à Maupertuis. Une fois là, que s'est-il passé ? Certains disent que Renart est vraiment mort. D'autres, qu'il a survécu.

Lequel est vrai, mon histoire ne le dit pas. Ce qu'elle raconte, c'est que quelques jours plus tard, on a pu voir une tombe fraîchement remuée près d'une aubépine. Dessus, il était écrit : « Ci-gît Renart ».

Certains ont affirmé que cette sépulture n'était pas celle du goupil mais qu'elle abritait les restes d'un vilain portant le même nom que lui. Selon eux, il avait trépassé à ce moment-là.

Toujours est-il que le roi, quand on lui décrivit la tombe, en fut fortement ému. Pris de regrets, il s'écria :

« Par grant pechié avons perdu
Le meilleur baron que j'avoie,
Ne ne cuit mie que ja voie
Que je venjance en puisse avoir.
Por la moitié de mon avoir
Ne vousisse qu'il fust ainssi. »
Atant fors de son tref issi
Et s'en monta en son palés.
Ici luec de Renart vous les
La vie et la procession.
Ci fine de Renart le non.

— *Par notre grande faute, nous avons perdu le meilleur baron que j'avais et je ne pense pas voir jamais l'occasion d'en tirer vengeance. Pour la moitié de mes biens, je ne voudrais pas qu'il en soit ainsi.*

Sur quoi, il sortit de sa tente et remonta dans son palais.

Moi, je vous laisse ici du récit de sa vie et de ses funérailles : ici finit de Renart le nom.

POUR EN SAVOIR PLUS...

LES BRANCHES ET LES CONTINUATEURS

Le succès du *Roman de Renart* a été exceptionnel. C'est ce qui explique que de très nombreux exemplaires ont été en circulation – exemplaires entièrement copiés à la main à une époque où, bien sûr, l'imprimerie n'existait pas.

Grâce à ces différents copistes, nous en possédons quatorze manuscrits plus ou moins complets. Leur étude a permis aux spécialistes de limiter à vingt-six (ou vingt-sept, ils ne sont pas tout à fait d'accord) le nombre de branches qui le composent.

Ce succès explique aussi que d'autres auteurs ont utilisé le personnage de Renart dans des œuvres qui ne font pas partie du *Roman de Renart* à proprement parler. Parmi ces continuateurs, on peut citer le grand poète Rutebeuf (*Renart le Bestourné*) ou Jacquemart Gielée, le Lillois. À signaler aussi un *Renart Contrefait* contemporain de Philippe VI de Valois qui ne compte pas moins de 40 000 vers !

Les dates de rédaction

On considère généralement que les branches les plus anciennes du *Roman de Renart* ont été écrites entre 1174 et 1177. Elles ont été reprises dans le présent recueil pour constituer les récits 7, 8, 9, 10 11 et 12. Les aventures racontées dans les récits 2, 3, 4, 5, 6 datent de 1178 ; celles figurant dans les récits 13 et 14, de 1179.

C'est l'époque où le long règne de Louis VII touche à sa fin ; à la cour d'Aliénor d'Aquitaine, à Poitiers, vient d'être codifié l'amour courtois (*fin amor*), dont on trouve l'écho dans certaines des histoires du goupil.

Entre 1180 et 1190 est écrite la branche qui est adaptée pour former le récit 17. Celles dont les péripéties ont servi à constituer les récits 15 et 16 datent de 1190.

À ce moment-là, Philippe Auguste est roi de France. L'art gothique commence à remplacer le roman. Saladin reconquiert Jérusalem. Richard Cœur de Lion coiffe la couronne d'Angleterre quelques mois avant d'entreprendre la troisième croisade.

1200 et 1205 sont les années de rédaction des branches utilisées dans les récits 18 et 19. La branche qui a fourni la matière au récit 1, paradoxalement, est la plus tardive de toutes puisqu'elle a été rédigée entre 1205 et 1250. Les développements du *Roman de Renart* les plus proches de nous datent, en effet, de la première moitié du XIIIe siècle.

À ce moment-là (1250), Louis IX (dit Saint Louis) est roi de France depuis vingt-quatre ans. C'est le temps des dernières croisades, le style gothique flamboie, les Albigeois ont été exterminés et, venus de loin à l'est, les Mongols ont déferlé sur l'Europe centrale.

Les auteurs du Roman de Renart

Les spécialistes pensent qu'ils sont une trentaine, certains ayant écrit plusieurs branches, d'autres, une seule. Tous, à coup sûr, étaient des gens d'Église – prêtres, moines ou chanoines – ce qui ne doit pas nous surprendre car les clercs étaient alors à peu près les seuls à savoir lire et écrire.

À deux exceptions près, leurs noms nous demeurent inconnus. Nous savons seulement qu'un certain Pierre de Saint-Cloud a écrit les textes les plus anciens dont nous disposons. Nous ne possédons aucune autre information à son sujet. A également été identifié comme auteur un dénommé Richard de Lison, par ailleurs tout aussi inconnu.

Reste un troisième rédacteur qui se présente lui-même comme un « prêtre de la Croix-en-Brie » au début du récit 18. Il avait lu les œuvres de ses prédécesseurs et a voulu apporter sa contribution.

Les vingt-sept autres, s'ils sont précisément vingt-sept, ce qui n'est pas sûr, demeurent anonymes.

Les redites

Quand on lit le *Roman de Renart* en version intégrale, on retrouve à diverses reprises les mêmes péripéties d'une branche à l'autre. Certaines fois il s'agit de simples redites : l'auteur, qui connaissait l'œuvre de ses prédécesseurs, les reprend pour les raconter à sa façon, leur adjoindre des éléments nouveaux, les amplifier, leur donner une suite... Il arrive aussi qu'une même péripétie soit racontée de nouveau en changeant certains des personnages (Renart fait subir à Fière, la lionne, le même sort qu'à Hersent, par exemple).

Les sources

Les auteurs du *Roman de Renart* étaient des gens de culture qui avaient lu des livres en latin et s'en sont inspirés. Ils connaissaient les fabulistes antiques et médiévaux ainsi que divers ouvrages « savants » ayant des animaux comme personnages. Mais ce sont sans doute deux livres écrits en latin quelques années plus tôt qui les ont directement inspirés : l'*Ecbasis captivi* et l'*Ysengrimus*. Dans le premier, qui met en scène des animaux, on découvre, déjà, une très vive opposition entre un renard et un loup. Le second est une longue épopée en vers dont le héros est... un loup. Ce qui ne l'empêche pas d'avoir servi de modèle à plusieurs branches du *Roman de Renart*.

Des choix indispensables

Pour constituer ce recueil, il a forcément fallu choisir dans la masse considérable que constitue l'original. J'ai retenu les aventures du goupil les plus connues ; elles correspondent en général aux épisodes les plus anciens. Il m'a semblé qu'elles donnaient une assez bonne idée de ce qu'est réellement le *Roman de Renart* dans son ensemble. On verra qu'en plus du plaisir de la lecture on peut y puiser beaucoup d'éléments permettant de mieux comprendre ce qu'était la vie quotidienne au Moyen Âge.

Michel Laporte

Michel Laporte

L'auteur est né le 2 juin 1950 à Rodez, dans l'Aveyron. Cela fera bientôt vingt-cinq ans qu'il se consacre exclusivement à l'écriture.

En fait, s'il écrit pour les jeunes lecteurs, c'est qu'il partage leurs goûts : il aime la mythologie, les contes, les civilisations qui gardent leurs mystères, l'histoire quand elle pose plus de questions qu'elle ne donne de réponses. Sans parler des aventures policières pour peu qu'elles soient dépaysantes et qu'elles laissent sa part au rêve.

Du même auteur :

10 contes des Mille et une nuits
6 récits de Babylonie
Maître Wen, L'Enigme du fleuve
Maître Wen, Drôle de rencontres

Maître Wen, Madame Tchou a disparu
Maître Wen, La Revanche du tigre aux yeux d'or
Maître Wen, Menace sur l'Empire Song
Maître Wen, Fée-de-la-lune
12 récits de l'Iliade et l'Odyssée
11 contes de l'Égypte ancienne
12 récits et légendes de Rome
Les 7 Merveilles du monde
12 histoires d'amour célèbres
13 aventures de don Quichotte
La chanson de Roland en 11 récits
12 récits de l'Énéide

L'Empire entre les fleuves 1, Le Mage de l'Euphrate
L'Empire entre les fleuves 2, La Petite Fée du Nil
L'Empire entre les fleuves 3, Le Fils du Nil

Le Grand Monde de la mythologie

Frédéric Sochard

L'illustrateur est né en 1966. Après des études aux Arts Décoratifs, il travaille comme infographiste et fait de la communication d'entreprise, ce qui lui plaît beaucoup moins que ses activités parallèles de graphiste traditionnel : création d'affiches et de pochettes de CD. Depuis 1996, il s'auto-édite et vend « ses petits bouquins », de la poésie, sur les marchés aux livres... Pour le plaisir du dessin, il s'oriente désormais vers l'illustration de presse et la jeunesse. Et avec tout ça, il a trouvé le temps de faire plusieurs expositions de peinture...

Table

CONTENTES, LÉGENDES ET RÉCITS

Écoutons la voix des conteurs
qui nous font vivre
de fabuleuses histoires.

TITRES DÉJÀ PARUS

Flammarion jeunesse

10 CONTES DU TIBET

Jean Muzi

Dans les hauteurs et sur les plateaux du Tibet, il est possible de croiser au détour d'un chemin monstres sacrés, crapauds réincarnés et autres princes répudiés... Ces récits légendaires ouvrent les portes d'un imaginaire surprenant et poétique, où la sagesse et la ruse tiennent une place essentielle. Dix contes pour faire entendre la voix de la culture tibétaine.

« C'est alors que le crapaud ouvrit la bouche. Et au lieu de son habituel cri métallique, il en sortit de vraies paroles qui émurent tant la vieille femme que des larmes de joie perlèrent sur ses joues ridées. »

12 RÉCITS DE L'ILIADE ET L'ODYSSÉE

Homère, adapté par Michel Laporte

Généreux et colériques, fragiles et forts, les héros homériques sont humains ! Douze récits passionnants qui nous plongent au cœur des combats d'Achille et d'Hector, durant la guerre de Troie, et nous font voyager aux côtés d'Ulysse lors de son extraordinaire épopée. Des histoires qui, depuis l'Antiquité grecque, suscitent la même fascination...

« Je reconnais bien là ton cœur de fer. Mais prends garde à la colère des dieux ! Le jour est proche où, si brave que tu sois, tu périras à ton tour ! »

13 CONTES DU CORAN ET DE L'ISLAM

Malek Chebel

De la naissance du Prophète Mahomet à son ascension au ciel, treize récits pour découvrir l'islam. Les figures les plus célèbres, Abraham ou Abou Bakr, y côtoient des personnages de contes comme Sindbad le Marin et son géant farceur. Tous ces récits ont en commun leur message, un message de lumière...

« Ismaël était né. Beau, comment pouvait-il en être autrement ? L'enfant est roi dans tout l'Orient, mais celui-ci était l'enfant d'Abraham. Hagar dit : il sera prophète comme son père ! »

18 CONTES DE LA NAISSANCE DU MONDE

Françoise Rachmuhl

Comment le monde est-il né ? Est-il sorti d'un œuf comme un oiseau, d'un ventre comme un enfant ? A-t-il flotté au fond des eaux ? Comment était-ce avant les hommes, avant les animaux ? Venus des cinq continents, ces contes peignent des visions différentes de la naissance du monde, du ciel, des astres... et même du moustique !

« Avant nous, avant notre époque, disent les vieux, il y eut quatre genres de vie, quatre genres d'hommes, sous quatre soleils différents. »

30 CONTES DU VIÊT-NAM
Nguyên-Xuân-Hùng

Pourquoi le tigre a-t-il des rayures ?
Quelle est l'origine des singes aux fesses rouges ?
D'où viennent les moustiques ? Les contes de ce recueil nous transportent des rizières embrumées aux temples cachés dans la jungle, pour nous plonger au cœur d'un mystérieux Viêt-nam. Un merveilleux voyage dans les profondeurs de l'Asie !

« Le buffle, qui assistait à la scène, fut pris d'un fou rire. Il riait en secouant si fortement sa lourde tête qu'il cogna sa mâchoire par terre à s'en casser les dents. »

Flammarion jeunesse

LES ANIMAUX, TOUTE UNE HISTOIRE...
Présenté par Anne de Berranger

Le renard apprivoisé du Petit Prince, la gentille couleuvre de Jean de La Fontaine ou la pauvre chèvre de M. Seguin, ces « héros-animaux » nous donnent bien des leçons ! Une invitation à plonger au cœur de grands textes et à découvrir les aventures extraordinaires de ces animaux qui, en prose ou en vers, nous soufflent leurs secrets...

« La chèvre entendit derrière elle un bruit de feuilles.
Elle se retourna et vit dans l'ombre deux oreilles courtes,
toutes droites, avec deux yeux qui reluisaient...
C'était le loup. »

Flammarion jeunesse

LES DIEUX S'AMUSENT
Denis Lindon

Un précis de mythologie aussi savant que souriant.
Un livre passionnant, drôle et instructif qui permet de découvrir les plus belles histoires du monde : les amours de Jupiter, les travaux d'Hercule, les colères d'Achille, les ruses d'Ulysse... Des récits qui nous font pénétrer dans l'univers extraordinaire de ces drôles de héros !

« Muni de son arc et de sa massue, Hercule se mit à la recherche du lion de Némée et le trouva bientôt. Il tenta d'abord de le tuer à coup de flèches, mais la peau du lion était si épaisse que les flèches n'y pénétraient pas. »

ROMANS

Tout un monde de lecture
entre les mains.

TITRES DÉJÀ PARUS

Flammarion jeunesse

Chaân, la rebelle (tome 1)
Christine Féret-Fleury

3 500 ans avant notre ère, au cœur de la Préhistoire... Chaân, une jeune fille éprise de liberté, défie les lois de son peuple en apprenant à chasser en secret. Elle est alors rejetée par tous les habitants du village et par son propre père. Chaân semble prête à tout pour conquérir son indépendance. Mais saura-t-elle surmonter les épreuves qui l'attendent ?

« Non, elle ne laisserait personne l'empêcher de vivre à sa guise. S'il le fallait, elle se battrait. Elle supporterait les pires épreuves… »

Le premier épisode des aventures de Chaân.

Flammarion jeunesse

Claudine de Lyon

Marie-Christine Helgerson

Claudine a onze ans, elle travaille dix heures par jour dans l'atelier de son père, à tisser de la soie. Mais cette vie épuise la petite fille qui tombe gravement malade. Pour guérir, elle part à la campagne. Claudine veut retrouver la santé et elle n'a pas envie de retourner à Lyon pour travailler. Ce qu'elle désire par dessus tout, c'est aller à l'école et réaliser son rêve : savoir lire, écrire et surtout dessiner.

« J'en ai assez de recevoir des ordres. Je veux choisir pour moi. Je sais bien ce que je ferai : j'irai à l'école, j'apprendrai des tas de choses et je ferai des dessins encore plus beaux que ceux de Carlo. »

Mise en page par Meta-systems
59100 Roubaix

Dépôt légal : mars 2011
N° d'édition : L.01EJEN000504.C004
Loi n° 49-956 du 16 juillet 1949
sur les publications destinées à la jeunesse
Imprimé en Espagne par Novoprint (Barcelone)